总主编 陶庆 李明

新核心
翻译硕士（MTI）
系列教材

翻译项目
案例教程

陶友兰 管新潮 编著

A Coursebook on
Project-Based Translation

U0331221

上海交通大学出版社
SHANGHAI JIAO TONG UNIVERSITY PRESS

内容提要

本书选用八个真实翻译项目,主题涉及医院网站翻译、产品说明书翻译、建筑工程图纸翻译、字幕翻译、游戏翻译、财经年报翻译和图书翻译。这些项目具有典型性和代表性,反映了翻译市场上的翻译服务需求,便于高校学生真实体验职场的项目流程和质量要求。每个章节由导语、教学建议、翻译概要、翻译项目内容选摘、翻译项目报告和翻译项目拓展题构成,旨在锻炼学生们在项目中灵活运用翻译技术和翻译技巧,增强在复杂情势下的综合语言服务能力。本书适合高等院校翻译专业的师生、翻译从业者及爱好者使用。

图书在版编目(CIP)数据

翻译项目案例教程/陶友兰,管新潮编著. 一上海:
上海交通大学出版社,2024.4
ISBN 978 - 7 - 313 - 30422 - 3

Ⅰ.①翻… Ⅱ.①陶…②管… Ⅲ.①翻译—项目管理 Ⅳ.①H059

中国国家版本馆 CIP 数据核字(2024)第 056391 号

翻译项目案例教程
FANYI XIANGMU ANLI JIAOCHENG

编　　著:陶友兰　管新潮

出版发行:上海交通大学出版社　　　　　　　地　　址:上海市番禺路 951 号

邮政编码:200030　　　　　　　　　　　　　电　　话:021 - 64071208

印　　制:上海新艺印刷有限公司　　　　　　经　　销:全国新华书店

开　　本:787mm×1092mm　1/16　　　　　印　　张:11.5

字　　数:215 千字

版　　次:2024 年 4 月第 1 版　　　　　　　　印　　次:2024 年 4 月第 1 次印刷

书　　号:ISBN 978 - 7 - 313 - 30422 - 3　　　电子书号:ISBN 978 - 7 - 89424 - 628 - 8

定　　价:49.00 元

总　序 ▶▶▶

　　翻译是一个复杂的过程,其当下的境遇日益呈现出前所未有的多样性——既关乎国家的发展、社会的进步、知识的传播,又涉及企业的业务、信息的交流、大众的交往。量大面广,包罗万象。

　　"一带一路"倡议的实施和国际多边话语权的建设都离不开翻译。任何与翻译相关的环节若出现了瑕疵,就有可能影响到实施的整体效果。当今社会信息流动和国际交往的频率相较以往有了指数级增加,翻译行为以若隐若现却无处不在的形式参与其中,促进社会文化的彼此认同和相互学习。翻译是一种平视的态度,而非仰视或俯视的手段。中国不少高校的翻译学研究已经与语言学和文学研究并驾齐驱,成为语言类学科的三驾马车之一,翻译专业的发展可谓方兴未艾。以华为、阿里、科大讯飞等企业为代表的机助/机辅、机器翻译模式异军突起,令人耳目一新,同时也对传统翻译认知提出了诸多问题和挑战。对高校翻译人才的培养而言,如何提升理念,调整模式,更新手段,跟上迅猛发展的时代潮流成为迫在眉睫的任务。

　　教学是人才培养的关键环节。就翻译专业而言,如此迅猛的发展已引发诸多不容忽视的不平衡现象,如学生对提升翻译能力的需求与学科内容设置之间的不平衡;招生规模与师资力量之间的不平衡;翻译学术研究的理论建构与其对翻译行为实践储备之间的不平衡;企事业单位对高端翻译人才的需求与实际翻译人才产出之间的不平衡;翻译服务的市场规范与翻译服务质量之间的不平衡;凡此种种,不一而足。

　　从这些不平衡现象中,我们认识到高校作为翻译人才培养部门的责任和义务。虽然学校不能凭借一己之力实现所有的平衡,但以己之长优化和完善人才培养方式却是高校可以而且应该做到的。有鉴于此,上海交通大学外国语学院翻译系和广东外语外贸大学高级翻译学院联手共同推出"翻译硕士系列教材",旨在满足高校学生提升翻译能力的需求,促进翻译理论与实践的有机结合,提高知识学习与能力习得的互通性。

　　本翻译硕士系列教材先期推出六本,即《基础笔译》《基础口译》《商务资讯翻译》《翻译技术》《机器翻译译后编辑》和《商务翻译》,今后将根据专业发展的需要陆续推出其他内容,如数据分析、翻译项目等方面的教材。本系列教材既注重实践,又关注理论的指导意义。现今新的翻译业态层出不穷,我们在不忘经典的同时力求做到与时俱进,即做到教材内容与实际翻译不脱节,并将实际翻译上升为一种对共通特征的描述。因此,本系列教材特点有三:① 内容的实践性——所涉案例均来源于翻译实践,力求体现翻译实践中案例的代表性和经典性;② 教学的适应性——所有教材均已经过翻译课堂的教学检验,是教学之后的成果总结与有机呈现;③ 理论的提升性——注重实践内容的理论依托,是一种有序的翻译实践行为。

　　翻译教材的编写绝非易事,需要各种相关知识和经验的积累,同时涉及架构设计、知识点选取、题材平衡等等。虽然各位作者尽了很大的努力,但囿于学识和能力,主观努力和预期效果之间必定存在差距。我们竭诚欢迎并殷切期待读者在使用本系列教材后提出批评和建议,以便日后修订改进。

陶　庆　李　明

2021 年 4 月

序 ▶▶▶

春节刚过，收到陶友兰、管新潮两位老师撰写的《翻译项目案例教程》书稿。看到书名，为之兴奋，感到两位老师目光敏锐，抓住了翻译教学中的一个核心问题。翻看内容，不胜钦佩，看到两位老师精雕细琢，提出翻译项目案例教学的新思路。全书以具体案例为章节，主题涵盖了笔译项目常见的场景。每个项目案例的结构比较新颖，有教学建议，为教师提供可参考的教学思路。案例最后提出翻译项目拓展题，要求小组合作完成一些拓展的翻译任务，学习举一反三地处理未来可能遇到的同类问题。每个案例叙述详尽，精心梳理，从翻译项目的背景、翻译要求、翻译技术的使用，到翻译角色的分工、团队合作、客户沟通、满足客户需求，一个个案例尽在其中，有内容，有过程，有结果。

说到翻译教学，首先需要强调的是其专业性和系统性，不仅要设立专业的培养目标，更要为保证实现目标而制订切实有效的教学大纲、教学程序和教学方法。也就是说，翻译教学的整个过程应涵盖培养专业译员所需要的各种课程、程序、活动。课程设置不仅要全面，培养学生各方面的专业能力，而且要在学生认知能力发展的基础上循序渐进，形成系统性的教学体系。就目前很多学校的翻译专业硕士课程来看，翻译项目案例还没有作为一个独立的课型出现。因此，翻译项目案例教学的提出应该是对翻译教学系统性和专业性的一个重要补充。

回顾翻译教学发展的历史，可以清楚地看到，我们对翻译教学的认知是一个不断演变的过程——从早期翻译作为外语教学的一个手段，到后期引入翻译专业教学的理念，设立翻译专业硕士学位，更为系统地进行专业的翻译训练。长期以来，翻译教学以文本翻译作为重点。从传统的认知角度来看，这是正确的，文本翻译是每个翻译应该掌握的基本功，不可丢失。但随着时代的发展，翻译专业教学的内涵也不断扩大，从单纯的文本翻译逐步扩大，增加了翻译技术、术语管理、本地化等各种相关课程。在这样一个瞬息万变的时代，翻译项目案例教学应该说是应运而生，是翻译教学认知方面的一个进步。

翻译专业教学要保证学生了解和掌握的不仅是文本翻译的能力,而且是翻译的整个过程;不仅要有书本知识,而且要有实践经验,其中一个重要的环节是实习。学生在实习单位能够经历翻译的整个过程,了解翻译在实践中的具体应用,获得宝贵的经验。但实习也有一些难以克服的问题,最主要的是实习条件的不同造成的学习机会和学习效果的差距。通常,一个班的学生不可能全部分到一个单位实习,即使在一个单位实习,不同的岗位也有不同的要求。有的岗位可能与翻译相关的工作比较多,有的可能是零零散散的杂事。学生付了同样的学费,投入了同样的时间,但所得到的实践机会和内容却不一样。这是一个令人非常遗憾,但实践中又难以完满解决的问题。但是,翻译项目案例教学有可能弥补目前实习中可能出现的机会和效果不均的状况。经过精心设计的项目案例体现了翻译项目的全过程,涉及项目的设立、预算的制订、译员的聘用、工作分配、团队合作、术语/词汇/参考资料的收集准备、翻译技术的使用、产品的整合和交付等各个环节。在翻译项目与现实高度契合的情况下,学生面对同样的机会和同样的任务,获得了全面的实践经验,教学的公平性得到保证,是对学制实习的一个重要补充。

当然,翻译教学是一个体系,其中包括各种必修课和选修课。翻译项目案例可以被视为一个综合课型,成为笔译专业的必修课,在二年级开设一至两个学期比较合适,让学生将他们通过各种课程学习到的知识和建立的能力应用于实践。另外,翻译项目案例教学也不仅仅限于翻译专业硕士。项目案例是教学内容,至于教学形式,可以作为一个课程,也可以作为一个课程的一部分。例如非翻译专业硕士的笔译课,无论是本科还是硕士层次的课程,可以拿出一两周甚至更多一点的时间做些项目案例的翻译。在这种情况下,项目案例就成为一种新颖的教学形式,教师可以根据本校本专业的具体情况选择相关项目,例如工科院校也许可以选择与学校性质相应的项目,为学生提供一个课内实习的机会,增加有益的实践经验。

从广义上说,翻译教学中使用的每一个文本都是实际的案例,都是现实生活中的文本,因此也可以称为案例教学。但是这不能与翻译项目案例混为一谈。"翻译项目案例",关键词是"项目",也就是一个翻译任务是作为一个项目处理的,其中有文本翻译,也有项目管理,涉及不少翻译以外,但又与翻译有关的事情,是让学生体验翻译全过程的一个重要手段。在人工智能发展突飞猛进的今天,翻译项目案例作为一种教学形式,可以与时俱进,为未来的翻译教学提供巨大的发展空间。以人工智能驱动的机器翻译能否取代人工翻译,几年前也许还是一个问题,但现在应该是一个大概率可能发生的事情。机器翻译在文本翻译方面已经取得了很大突破,文本翻译将部分或全部被机器翻译取代，人工翻译的任务将产生质的变化，转为机器辅助翻译、译后编辑、校对，以及翻译项目管理。翻译项目需要大量的协调和管理工作，例如项目立项、资源调配、质量控制等，这些工作需要人类的经验和判断，难以由机器独立完成。翻译项目案例教学提供了一个灵活的框架，能够根据时代的发展，及时调整翻译教学的内容和重点，也可以说是为翻译教学应对未来人工智能的冲击提前布局，使翻译教学能够长远地保持其重要性和必要性，可喜可贺！

鲍川运

美国明德大学蒙特雷国际研究学院教授

前 言 ▶▶▶

随着人工智能时代的到来,语言服务业发展迅速,急需培养既心手两畅、口笔译俱佳,又通晓翻译技术、翻译管理的职业型翻译人才。而翻译人才培养,除了少数自学成才,主要靠高等学校翻译教育、政府翻译机构(例如外交部、各省市外办等)、语言(翻译)服务公司等。晚清以降,中国以专门机构培养翻译人才的历史已有一个半世纪。从肇始于 1862 年的同文馆、1866 年的福建船政学堂到延安时期的外国语学校、西南联大外文系、20 世纪 50 年代北京外国语学院开设的"翻译研究生班",再到时下诸多"高级翻译学院",这些机构培养了一大批杰出的翻译人才,为优秀翻译人才的培养提供了成功的案例。

高校是翻译人才培养的重要场所。虽然目前我国已经建立了翻译本科(BTI)、翻译硕士(MTI)、翻译学硕士(MA)、翻译学博士(Ph. D)一套完整的翻译教育体系,但在人工智能时代,高校翻译人才培养整体效果与市场需求还有差距,没有考虑到全球化时代翻译行业和翻译市场的特殊性,导致社会对专业翻译人才的需求得不到满足。基于此,我们建议进一步创新翻译人才培养模式,加强高校与语言服务企业的合作,强调并凸显翻译实训。高校聘请业界导师,邀请企业导师进校园、组织学生参会并观摩各类对外交流论坛或展会,或校企联合开发课程,在一定程度上加强了高校与职场的连结。但多次实践证明,培养翻译人才的最佳途径还是引进企业的真实翻译项目,让高校教师带着学生一起模拟真实的职场环境,让学生在规定的时间内按照客户的要求,完成具体的翻译任务,在"做中学",运用翻译技术,打磨翻译技能,熟悉翻译项目的翻译和管理流程,积累翻译经验,提高对外交流服务中的临场应变能力、协调能力和服务意识,培养学生的职业翻译技能。所以,在高校引进翻译项目案例课程,可以"一箭双雕",既锻炼翻译技术和翻译技巧在项目中的运用,又使学生真实体验职场的项目流程和质量要求,增强学生们在复杂情势下的综合语言服务能力。为此,我们专门编写了这本《翻译项目案例教程》。

本书特色

(1) 教学案例来自真实翻译项目,旨在培养学生的翻译项目管理能力。这些项目都已经顺利完成,分别来自高校和企业。医学项目翻译和图书翻译是复旦大学和上海交通大学的同学在老师的指导下完成的,其余项目来自以下公司:译国译民翻译公司(字幕翻译和财经年报翻译)、上海傲译信息有限公司(产品说明书翻译)、上海艺果翻译公司(图纸翻译)和安徽创译信息有限公司(游戏翻译)。这些项目类型也反映了翻译市场上的翻译服务需求,便于高校学生了解真实职场上客户们对翻译的要求。同时,通过完成真实的翻译项目,锻炼了同学们的翻译项目管理能力,符合翻译客户的期待和需求。

(2) 贯穿"知行合一"教学理念。把翻译项目作为案例教学内容,对教师来说既是一种挑战,也是一种学习机会。授课教师不论是否做过翻译项目,都可以很快上手。在教学过程中,可以边学边教,分三步走。第一步是"知":带领同学们了解该项目的背景、翻译要求以及该翻译任务的文体特点,增加对该领域或行业的认知。例如,游戏翻译对高校学生来说不陌生,但是要走进这个领域,还有很多行业知识需要了解和学习。老师可以指派对这个专题感兴趣的同学进行多维度搜索,然后向全班同学汇报。第二步是"行":带领同学们翻译真实文本,分组协作翻译,角色轮流,发现问题,讨论协商解决方案。授课教师自己也要参与,选择担任其中的某一个角色,加强和同学们的融入感。第三步是"评":教师的智慧是善于总结,转智成能,发现学生在"知"和"行"中展现的亮点和不足,同时补充自己的观点和来自学界的一些相关翻译理念、翻译原则和方法,真正做到产学结合,加强理论和实践的结合。

(3) 践行"译思结合"学习方法。学习翻译其实是学习一种思维模式,要学会换位思考。所以,学生在翻译项目时,不能仅止于翻译,满足于完成客户的需求。本书希望学生做翻译时,千万不要对原文亦步亦趋,要做到翻译"三思"。译前一定要先思考:客户需要什么信息? 是否需要全部翻译? 怎样借用翻译工具节省时间和成本,提高效率和质量? 译中要思考:这是不是唯一的译法? 可以译得灵活一点吗? 如何和其他译员风格统一? 如有可能,建议写"译者注"。译后要思考:翻译好的信息应该如何呈现,阅读效果更好? 是否有遗漏信息? 本项目中最大的亮点是什么? 建议写"译后感"或如书中所展示的"翻译项目反思"。

(4) 培养服务客户的翻译观,鼓励团队合作,适当运用翻译技术辅助翻译。课堂里的翻译作业大多数是检验学习效果或者巩固翻译技巧,很少是完成真实语境下的翻译任务。而把真实的翻译项目作为案例来教学,就要强调团队合作精神和协作翻译。每个角色进行分工协调、商量妥协和包容,培养责任心、同理心,最终共同完成一个翻译任务,服务客户,达到客户的要求,培养"翻译就是服务"的观念,客户就是翻译产品的读者、使用者和消费者。翻译目的非常明确,"译有所为"。本书挑选的项目各有特色,不仅翻译题材、翻译格式各不相同,翻译策略和翻译要求也不一样。共同的特点是都需要使用翻译技术辅助完成翻译任务,处理图片、表格、视频、术语等。

教材框架

本书设置了以下六个栏目:本章导语、教学建议、翻译概要、翻译项目内容选摘、翻译项目报告、翻译项目拓展题。

本章导语:主要是介绍本翻译项目的特点,引起学习者的注意。

教学建议:给教师们,尤其是没有做过翻译项目的新手教师提供教学思路。

翻译概要:本项目的翻译要求,提醒译员一定要看懂客户的要求,需要翻译什么,不需要翻译什么,按照客户要求提交翻译产品。

翻译项目内容选摘:由于篇幅的限制,这里提供项目的部分翻译内容,供学习者阅读和翻译。翻译项目中需要翻译的字数比较多,可以扫码查看,学有余力的同学们可以去完成一个完整的项目。如果时间来不及,只要翻译这部分内容即可领会到本项目的特色和内涵。

翻译项目报告:对整个项目流程的描述和记录,概述译前、译中和译后的材料准备、技术支持和出现的问题,总结翻译策略,反思项目的优点和不足之处。

翻译项目拓展题:学习完一个翻译项目案例并不是最终的目的,关键是要在学习过程中领会和感悟本项目的特色和特殊之处,能够举一反三地处理未来可能遇到的同类问题,所以需要深入思考,需要和小组合作完成一些拓展的翻译任务,不断提高语言服务综合能力。

教学建议

对翻译项目材料的运用上,教师们根据教学实际条件,可以采取线下、线上线下混合教学以及线上教学三种形式。教师们可以根据翻译项目内容进行调节,将适合于接受性学习的内容移至线上,通过制作慕课或微课,跟随教学进度,让学生提前自主学习。适合于互动的探究性学习内容,例如思考题等,可以在课堂上通过引导同学头脑风暴讨论来进行。小组合作题以翻译工作坊形式,学生们先做,然后课堂汇报和讨论。学习者可以自学相关章节内容，也可以组成小组共同研讨，将翻译项目内容总结提炼，撰写相关翻译笔记，记录翻译思维过程。

本教材鼓励使用者（教师和学习者）结合教学和学习的实际，模拟本书中的项目，以章节内容为基本框架，选取适当的内容作为教学或者实践拓展，巩固深化本书所讲授的翻译知识、技能与项目管理。每个翻译项目都配有教学/学习资源包，包含术语库、记忆库、语料库等丰富的资源，供老师和学生选用。[①] 在信息更新迅速的大数据时代，各类资源极为丰富，希望使用者充分发挥搜索能力，创造性地利用相关资源，不断丰富本教材内容。

本教材中的翻译项目已经在教学中使用过两轮，教学效果良好。感谢复旦大学外文学院 2020 级翻译硕士（MTI）同学和 2021 届翻译系部分本科同学的积极参与。感谢上海交通大学管新潮老师提供的图书翻译项目，感谢提供真实翻译项目的翻译公司，感谢复旦大学外文学院的教材出版资助。本书也是北京外国语大学北京高校高精尖学科项目（2020SYLZDXMO11）、中央高校基本科研业务费专项资金资助"中国对外话语体系数据库群平台研制与应用"（2022JS04）的阶段性研究成果。感谢上海交通大学出版社张冠男老师的精心编辑和耐心审核。由于时间和编者水平所限，书中难免有不当之处，敬请各位读者提出宝贵建议。

陶友兰

2023 年 10 月于复旦书馨公寓

---

① 资源包下载地址为：http://www.jiaodapress.com.cn。

目 录 ▶▶▶

第1章 绪论

1. 人工智能时代的翻译实践教学

在全球化与信息化时代，技术与网络的发展极大促进了翻译行业的发展，新时代的翻译呈现出与传统翻译很多不同的特点。例如，翻译对象多元化、翻译语种多样化、翻译内容格式多样化；翻译需求量大，复杂程度高；交稿时间紧；翻译内容变化大，以技术翻译材料为主。因此，翻译正面临着很多问题：重复翻译、人工校审、文档编辑，造成工作效率低；因缺乏明确的技术分工和流程规范，资源利用率低；术语和翻译难以保持一致，影响翻译质量；翻译成果无法持续积累和共享，造成资源浪费等等。要解决这些问题，必须利用现代翻译技术和翻译管理系统。近年来，以互联网技术为发端，大数据、人工智能、5G 等科技创新浪潮先后席卷而至，翻译服务通过与科技相结合，一方面极大促进了自身服务产能的提升和产业链的转型升级，另一方面也更好地推动了科学革命与技术革命的演进。技术对翻译服务行业的进一步重塑正在拉开大幕。随着语言服务需求的增长，本地化技术、语料库技术、翻译协作平台技术、机器翻译技术等也日益普及。

随着中国在全球经济发展中的参与广度与深度不断加大，中国的翻译服务市场也急剧扩大。现代语言服务表现出"四化"趋势，即协作化、众包化、自动化、平台化，机器翻译得到普遍应用。中国翻译协会 2020 年发布的《2020 中国语言服务行业发展报告》显示，在受访的 304 家语言服务提供商、300 家语言服务需求方以及 173 名语言服务自由从业者中，5.6%的语言服务提供商受访企业表示经常使用机器翻译，36.8%表示经常使用，45.7%表示偶尔使用，9.9%表示极少使用，2.0%表示从不使用；11.6%的受访语言服务从业者表示总是使用机器翻译，28.3%表示经常使用，49.7%表示偶尔使用，其余 10.4%表示极少或从不使用；8.3%的语言服务需求方选择机器翻译来满足翻译需求的可能性较高，为 67%～99%；其余大部分语言服务需求方选择机器翻译的可能性在 34%～66%之间。目前，以实时人工智能为主要特征的 Trycan 和 Flitto 众包翻译平台正蓬勃发展。

中国的翻译服务市场近 20 年来发展迅速,服务的类型趋于多样化。根据市场的需求来划分,主要类型有:笔译服务、本地化服务(包含笔译、排版、语言测试等)、音视频翻译服务、同传口译服务、电话口译服务、随行口译等。笔译服务是翻译市场的主要需求所在,也是翻译从业人员做得最多的工作之一。要完成一项笔译工作,常规的流程是:在译前阶段,翻译涉及格式转换、资源提取、字数统计、重复率分析、任务分析、术语提取、重复片段抽取技术、预翻译技术等;在翻译过程中则需要熟练运用辅助拼写、辅助输入、电子词典、平行语料库、翻译记忆匹配、术语识别等工具;翻译完成后,还需要进行质量检查、翻译格式转换、译后排版、翻译产品语言测试、语言资产管理等工作,如图 1.1 所示。

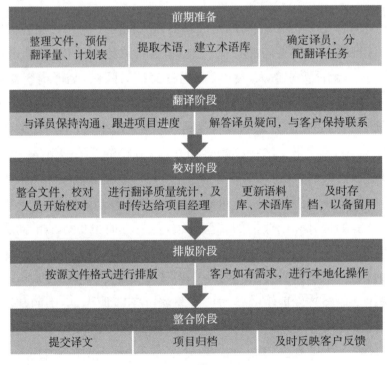

图 1.1 翻译项目常规流程

因此,高校除了教授常规的翻译知识和技能课程以外,以翻译过程为导向的项目化、合作化、程序化翻译教学也应该得到重视。这种翻译教学模式以项目化教学引导学生体验真实的翻译职场环境,学会如何在有限的时间内,以最低的成本提交符合客户需求的翻译产品。

依托人工智能提供的各种便利,翻译实践教学可以以完成一个翻译项目为教学主要内容,教师充当整个项目的导演和提供帮助的外援,学生在项目中扮演不同的角色,如译员、校对、项目经理甚至客户，加深对翻译行业与市场规范的了解，"培养和提升学生翻译认知能力、双语语言能力、专业知识能力、翻译职业能力和工具使用能力"（张政、王赟，2020：65 - 72）。为了完成项目，学生要在老师的指导下，主动学习和掌握人工智能、计算语言学的相关原理、知识，学会使用各种翻译软件辅助翻译、进行项目管理、建立翻译记忆库和术语库等。在项目执行过程中，教师"可以结合具体翻译任务，介绍怎样使用语料库技术，例如双语平行语料库能够提供语境让学生检索搭配、区分语言变体、模仿学习、定量化评价译本；可比语料库能够帮助检查术语和搭配，检查特定语篇类型的结构，并为某些问题的解决提供解释"（陶友兰、刘敬国，2015：89）。项目驱动的方式可以连接课堂内外，让学生在课内和老师、同学充分沟通的同时，学会考虑客户、公司、作者、读者等因素，利用外部资源帮助解决当下问题，锻炼交际能力和解决问题的能力。人工智能时代的翻译教学应该在完成不同的翻译项目过程中，锻炼和提高学生的技术能力和协作翻译、沟通能力。

2. 翻译项目与翻译项目管理

美国项目管理学会（Project Management Institute）将项目定义为"为创造独特的产品、服务或成果而进行的临时性工作"。翻译管理（Translation Management，TM）是指"使用工作流程管理工具跟进与管理翻译项目的进度"。这些工具帮助使用者随时跟进外包翻译工作的地点、交稿日期、文本修改情况、翻译优先次序、修订日期等情况。翻译项目规模越大，对于使用者来说，知晓所有变量的状态就越重要。翻译项目管理（Translation Project Management，TPM）属于翻译管理的一部分，指的是翻译管理者运用现有资源，对某个翻译项目进行流程化管理，确保项目的顺利实施。一般的翻译管理可分为前期准备、翻译实施、校对排版、提交译文、归纳整合等阶段，并细化为多个流程。根据德国标准化委员会的"翻译服务——服务要求德文版 DIN EN 15038：2006"以及"翻译服务——翻译服务要求 BS EN ISO 17100：2015"，翻译项目管理主要包括：准备工作的监控与跟踪、针对项目挑选译员、挑选校对和专业审校人员、对涉及项目的相关人员的说明、翻译之中统一性的组织与监控、时间进度的监控、确保所有的流程参与方（包括客户）之间的沟通、译文的提交。而在实际操作时，翻译企业的应对方式则不尽相同。

在翻译项目生产实践中，一个翻译项目从其提出到最后的完成，一般会经历四个阶段，即项目的定义、规划、实施、收尾。项目的定义是为了界定目标和制定报价书；项目的规划在于编制项目计划、组建项目团队、启动生产；项目的实施即过程监控，其关键是管理项目流程、实现项目目标以及团队的和谐一致；项目的收尾是指完成后续任务、改进流程、获取相关知识和经验等。无论哪一个阶段,在翻译项目管理的生产实践中,整个过程均涉及五个要素:服务、质量、资源、成本、期限。其中,质量是关键。

提升翻译项目质量的一个关键是如何识别出翻译项目中的风险。一般而言,任何翻译项目都会存在三种风险,即一般风险(不受项目管理影响)、项目固有风险(取决于项目类型)、特定项目风险(项目所特有的),而且风险等级也有高、中、低之分。实施翻译项目时要编制风险管理计划,其步骤如下:一是审核所列出的各种可能的风险,单独或在团队中测定项目特定风险;二是评估风险的发生概率和影响;三是将高等级风险列入风险计划。确定项目报价时需要考虑风险管理计划或者在报价中考虑到高等级风险。实施计划时,监控已识别的风险的同时静候出现新的风险。翻译项目的固有风险可能会体现在下述方面:客户的支付能力和支付习惯、项目期限、团队规模、与客户的业务关系、客户数或客户组织数、项目内容和规模、交付对象、项目团队和客户的业务知识、项目要求、与其他项目或团队的关系、客户参与程度、现有过程和方式的改变、组织结构、项目经理的经验、技术、答复时间、与供应商的关系。特定项目风险一般是指语言类型项目所特有的风险,不同的源语参考来源和对象因文化差异之故可能会导致结果的巨大差异。

3. 翻译项目与翻译项目案例教学

如果把翻译项目作为案例引进课堂教学,那么如何评价一个翻译项目是教学目标的关键。由于翻译项目生产实践和案例教学之间存在一定的差异性,即两种活动各自所追求的目标不一样,会导致对服务、质量、资源、成本、期限五个要素的理解和阐释不完全一致。其原因在于两种活动为翻译项目所营造的环境不同,即翻译项目生产实践中的环境是真实的和实时的,而翻译项目案例教学中的环境既可以是真实的,也可以是模拟的,但其真实性亦随教学环境的变化而变化。这种真实性和模拟性的差异是造成两者之间存在差异的关键。

1) 服务

翻译项目管理是指在一个确定的时间范围内,通过特殊形式的临时性组织运行机制来充分利用有限资源,以特定的译文质量来完成既定的翻译目标。据此,服务即翻译服务,就是通过给定的翻译项目为项目委托方提供符合特定质量要求的翻译产品的过程行为。生产实践中的服务强调服务意识的过程落实和展现,而案例教学所指的服务,其重点在于培养并形成服务意识,通过不同的项目角色,即翻译项目经理人、译员、审校人员等来展现服务意识。服务意识展现的优劣则取决于相关的知识和能力,如外语水平、待翻译领域知识、翻译技术知识、术语和语料库知识、语言校对能力、沟通能力等。

2）质量

质量是翻译项目的主要诉求,但不同的视角对翻译质量的理解和阐释会有所区别,甚至有显著区别。质量既不是绝对的,也不是最具可行性的,质量会因人因物而异,符合质量就是要满足所定义的预期要求。因此从翻译项目委托方出发,符合质量要求的译文就是符合功能要求的目的语文本或译文,译文不仅要适用,还要满足特殊要求。从译者视角出发,就是以自身的专业知识,通过惯常的功能表述,为翻译项目呈现符合语言安全要求的译文。从案例教学视角出发,翻译质量更多是关注译文内容的对错或特定语法结构的转换,因此实现"好翻译"即可认定满足了质量要求。"好翻译"是指译文完全转化了原文的含义、表述简洁、易于理解,符合译文所属特定领域的要求以及语言文化方面的习惯表述要求,同时资深译员在译文校订以及专业审读在译文审读时都认为译文已无需任何修改。

3）资源

资源可分为两类,即人力资源和技术资源,前者是指翻译项目中的不同人员角色,后者是指提供给翻译项目的合适的技术工具。如何为特定的翻译项目选择合适的人选是翻译项目人力资源管理的关键,即如何根据具体项目的特定要求并针对不同角色的差别性能力或资质来实施人力资源配置。技术资源涵盖常规资源和创新资源,前者为计算机辅助翻译工具、机器翻译等直接服务于译文产出的技术工具,后者指为翻译项目组合使用既有工具的技术工具集成或新开发的特定工具。生产实践中资源配置的关键在于适用性与合理性,而非最新、最强的技术工具,因为每一次新技术的使用都会带来项目的不确定性和成本。与之相反,案例教学中的资源配置应该是理想中的最佳配置,即最优人力资源和最强技术资源,旨在调动最新、最强技术应用下的人力资源的学习能力和适应能力。

4）成本

在项目定义、规划、实施、收尾的四个阶段中,成本都会以其适当的形式出现。每一次新成本的出现,在翻译项目生产实践中就意味着项目利润的减少和企业竞争压力的加大。因此,生产实践中的成本应该是在确保满足所定义的质量要求的条件下使用最节约化的资源所能产生的成本。案例教学中的成本不会等同于生产实践中的成本,因为服务、质量、资源这三个要素的相关要求已经决定了案例教学中的翻译项目成本可能会是最大化的。为此,可根据翻译项目是真实的还是模拟的展开案例教学,即真实翻译项目以成本最小化为教学目标,模拟项目以成本最大化为教学目标。两者相辅相成,共同促进案例教学对成本的解读。

5）期限

期限是指翻译项目管理过程中必须遵守的过程时间节点和项目最终提交时间。后者一旦确定就必须遵守，前者可在后者的框架内进行适当的调整。无论是生产实践还是案例教学，遵守期限的要求应该是一致的，这也是上述五个要素中唯一可无差别化实施的一个要素。

因此，实施翻译项目案例教学需要精心设计，区分开翻译项目和案例教学的服务、质量、资源、成本、期限等因素的不同标准和要求。"翻译项目进课堂"不仅可以做到以教助学、以学促教，而且在注重理论教学的同时，提升学生的实践水平。通过与企业、政府、出版社等多方合作，引入各类翻译项目，让学生在真实的文本转换中获得翻译能力的训练和提高。（张生祥、张春丽，2017：60）通过以翻译项目为基础的案例教学，可以提高学生的翻译实践能力和职业素养，更好地为语言服务企业提供高素质的语言服务人才。

4. 翻译人才的职业素养

根据欧洲语言服务行业认证标准 Translation Services—Requirements for Translation Services（ISO 17100 2015：6），译者至少应具备六种职业能力，即翻译能力、语言能力、研究能力、文化能力、技术能力以及专业领域能力。现代语言服务企业需要更多"懂语言、懂文化、懂技术、懂管理"的服务人才。他们不仅双语语言基本功好，有较强的跨文化交际能力，具备较多的行业知识，而且会应用翻译技术，懂得管理，具备较高的职业道德。语言服务从业人员还要具备较强的合作能力、学习能力和项目管理能力。

既然语言服务企业对翻译人才的要求主要集中在素养和能力两个方面，高校应该结合社会实际需求，有针对性地制订人才培养方案，使其课程设计与市场需求接轨。教学的内容"需要围绕培养学生的职业技能和职业素养来进行设计，针对于目前各企业对人才需求的细化特征来制定符合实际市场变化、职业特点、职业需求的复合型、高素养人才"（王慧，2016：537）。这类人才的核心素养就是较强的译者能力，译者能力包括"跨文化交际能力、翻译能力和职业能力"（译自 Tao，2012：95）。针对这三种能力的培养，翻译教学活动应进行相应的设计来展开：通过以任务为中心的翻译阅读和讨论，做好跨文化交际的知识储备；通过以技巧为中心的翻译工作坊提高翻译能力；通过以项目为中心的翻译实践提高职业应变能力。（陶友兰，2015：91）其中，职业能力包括由经验、直觉和智慧形成的专家能力、职业道德、自我职业意识、责任感和对市场行情的了解等，可以通过以真实项目或模拟项目为中心的翻译实践得以提高。

要培养高素质的翻译人才，译者能力至关重要，而译者能力中的关键是解决翻译问题所需的高阶思维能力。培养学习者的翻译思维能力是翻译教学的关键,培养有思想的译者应成为翻译教学的目标内涵。因此,人工智能时代的职业译员还要具有较强的翻译技术思维。技术思维是指根据翻译项目的要求、目的以及特点寻求可以提高效率、降低成本、保证质量的翻译技术、软件、工具,它包含技术意识、技术应用、技术总结和技术分享能力(崔启亮,2019:84)。技术思维的培养除了强调思想意识的转变之外,更重要的训练途径来自翻译项目实践。去翻译公司实地参观、实习更能直观促进学生技术思维的提高。总而言之,翻译技术思维的培养不单单是思想上的重视,更需要翻译项目和实践的磨练。(钱多秀,2009:52)

第 2 章　医学网站翻译项目

导语

医学网站翻译项目有三个特点：

（1）内容有关医学，涉及很多医学术语的翻译。

（2）翻译的内容最后以网页形式呈现。信息呈现空间有限、排版等技术问题会导致翻译策略的调整等。

（3）使用智能医学翻译平台 ACT（Atman Cloud Translation）加译后编辑（PE）模式，通过 YiCAT 在线翻译管理平台分配任务和审校。

教学建议

（1）按照本章操作，各类网站翻译，如公司网站、学校网站、学院网站等都可以采用这一模式。

（2）译前鼓励同学们广泛查找中外医院网站，熟悉网页内容和语言风格，收集相关医学术语，制作术语库和医学单语语料库、双语平行语料库，使用 Atman 机器翻译时添加到已有的医学翻译语料库。

（3）译后建成的语料库和术语库可以为任何一个医院的英文网站建设提供参考。

翻译概要

（1）翻译医院介绍的主要内容，提供 Word 版英文即可，不需要制作网页。

（2）一个月内完成，译文易懂，适合网页制作。

（3）先试译，通过后，正式译文每千字 500 元。

（4）联系人：中山医院党委建设办公室，电话：021－640**XXXX**。

翻译项目内容选摘

心电图室

中山医院心电图室创建于 1948 年，当年从国外学成归国的陶寿淇教授为中山医院带回一台 Cambridge 心电图仪，率先在我国开展心电图方面的临床实践和研究。科室历任主任为姚正义、陈庆璋、李高平、李景霞、周京敏。现任主任为宿燕岗，副主任为林靖宇。目前科室共有在册医务人员 19 人，其中研究生学历 9 人，高级职称 5 人，中级职称 10 人。

医疗工作

自 1958 年上海市心血管病研究所成立，心电图室就承担了从有创的心导管检查、心脏冲击图检查到无创的心向量图、运动心电图、食道心电调搏等各种与心血管有关的检查，为中山医院心血管专业立足于全国领先地位，更为推动这些领域的研究和实践在我国的普及、发展和提高做出了重要的贡献。

目前心电图室除广泛开展常规体表心电图、动态心电图监测、动态血压监测、运动平板项目外，还开展了脉搏波／踝臂指数检测、远程心电检测等新技术。为了更好地服务于临床，2005 年又开展了直立倾斜试验，为血管迷走性晕厥的首要诊断方法。心电项目中常规心电图就诊约 24 万人次/年，动态心电图 1.5 万人次/年，运动平板 4,000 余人次/年。

目前心电网络系统已覆盖中山医院全院，实行全院心电联网管理，心电信息与医院管理网信息共享，在国内率先实现了医院整体的心电图存储、会诊、质量控制、电子病例等。

教学工作

在半个多世纪的历史中，中山医院心电图室始终是上海乃至全国重要的心电学培训基地，参与了从大学专科、本科到高年资深医生的培训，并参与了硕士研究生、博士研究生的培养，承担了从医疗系本科生至研究生的心电学教学任务。同时承担了大量社会培训工作，包括医疗器械或生物工程专业大学生、专科生的心电图培训，以及全国各地心电学专业进修人员的培训。

为配合教学工作的需要，心电图室还主持完成了相关教学材料的编写和制作，其中包括《医学生心电图教学图谱》和《临床心电图幻灯教材》。中山医院心电图室参与组织了第 4 届至第 7 届东方心脏病会议中的心电会前教育培训课程。自 2002 年起，心电图室举办每年一期的全国继续教育学习班及每两年一期的远程全国心电培训课程，受到全国同行的好评。

2009 年，上海市心电质量控制中心成立。中山医院作为牵头单位，李景霞及其他心电专家制定了《上海市心电图质量控制手册》及《上海市常规心电图诊断书写规范手册》，同时中山医院心电图室承担了上海市心电图质量控制培训及质控检查工作。

中山医院心电图室还是我国心电学专业的一个重要科研基地。远至五六十年代对体表心电图的探索，近至最新的计算机在心电学中的应用研究，参与并完成的科研项目有：临床心导管检查；临床心向量图研究；高频心电图的研究（国家"七五"攻关项目）；心率变异的研究（博士生研究项目）；计算机心电图的临床应用（博士后研究项目）；中国人心电图共同标准（美国 Lucile & Packard 基金会资助）；计算机心电图诊断标准的优化（美国惠普公司中心实验室资助并合作）；心血管专业计算机多媒体教学系统的研究（中国科学院立项、资助，与中国科学院上海技术物理所合作）。这些项目的完成填补了国内该领域的空白，为我国医学科学的发展做出了贡献。科室成员于核心期刊共发表各类学术论文 100 余篇。

心电图室主编的图书包括李高平及李景霞主编的《常见心电图的诊断与鉴别诊断图谱》、宿燕岗主编的《心脏起搏病例解析》《心脏起搏器新功能解析》和《心律失常介入治疗》，并参与《实用心脏病学》《实用内科学》《现代心脏病学》等多部专著相关章节的编写。

胸外科

科室概况

中山医院胸外科创立于 1947 年，由我国胸外科学奠基人之一、著名的胸外科专家黄家驷教授担任主任，在当时极其困难的条件下开展了肺结核、支气管扩张以及肺癌的手术治疗，在当时国内胸外科领域处于领先地位。

60 余年来，中山医院胸外科与时俱进，不断进取，涌现了石美鑫、仇德惠等国内著名胸外科专家，创造了多个全国第一，科室诊治水平始终处于国内领先地位。

经过几代人的不断努力，中山医院胸外科目前已经发展成为国内领先、集"医、教、研"于一体的胸外科疾病诊疗中心，2011 年被评为卫生部临床重点学科，在全国综合性医院胸外专科中首屈一指。

目前，中山医院胸外科由全国知名胸外科专家王群教授担任科室主任，下设肺癌和食管癌两个亚专科，分别由葛棣及谭黎杰教授担任主任。科室共拥有床位 115 张，医生 29 名，其中教授、主任医师 3 名，副主任医师 12 名，主治医师 9 名，住院医师 5 名；博士研究生导师 3 名，硕士研究生导师 4 名。科室年手术量 4,000 余台，其中肺癌手术 2,500 余例，食管癌手术 600 余例，手术量在全国综合性医院中名列前茅。

临床特色

凭借强大的综合诊疗实力以及雄厚绵长的技术底蕴，先辈们高超的手术技术得到了优秀的传承。目前科室能开展各类常规胸外科手术，其中包括肺癌隆突成型、肺上沟瘤切除、双袖式肺叶切除、气管肿瘤、肺减容、结肠代食管、胸壁巨大肿瘤切除胸壁重建以及脓胸开窗引流联合肌瓣转移胸壁重建等高难度胸外科手术。

我科是全国最早开展胸外科微创手术的单位之一，腔镜微创技术居全国领先地位，目前常规开展胸腔镜肺叶切除、胸腔镜肺段切除、胸腔镜下食管平滑肌瘤切除、腔镜下裂孔疝修补、腔镜下胃底折叠术、漏斗胸 NUSS 手术、全腔镜食管癌根治术以及机器人辅助全腔镜食管癌根治术、纵隔镜、超声纤维支气管镜、纤维支气管镜下支气管胸膜瘘治疗等各类腔镜手术。全腔镜食管癌根治术、单孔胸腔镜肺手术更是蜚声海内外。

科室大力发展微创技术的同时，也非常注重技术的推广。本着"立足上海，辐射全国"的临床继续教学宗旨，科室每年定期举办腔镜手术学习班，承办"中山胸部微创论坛暨腔镜高级研讨班"及"中山肺癌论坛"，吸引了大批胸外科专科医生前来学习参观。基于优秀的胸腔镜技术，王群主任被英国皇家外科学院授予"FOLLOWER"称号，在国内得此殊荣的专家屈指可数。除此之外，科室临床研究创新成果曾在国际胸外科顶级学术会议（AATS、STS、ESTS、EACTS、ASCVTS）上多次展示，在世界胸外科舞台上展现了夺目耀眼的光彩。

科教成果

胸外科在临床诊疗方面不断提高、始终保持国内领先水平的同时，在科学研究领域也同样积极进取。目前在肺癌、食管癌转移复发机制及肺缺血再灌注损伤基础研究领域均有建树，科室承担国家自然基金 9 项以及多项上海市科委、卫计委课题，在国内外各类杂志上发表的论文达 200 余篇。

多年来，科室在各方面曾获得多项重大研究成果，石美鑫教授等主持的人工心肺机、体外循环和人工心脏瓣膜的研究成果获 1978 年全国科学大会奖、1999 年卫生部科学技术进步奖、2001 年何梁何利基金科学与技术进步奖。谭黎杰教授主持的食管癌微创治疗获得 2014 年上海市科技进步三等奖。

中山医院胸外科作为一家大型教学医院的重点科室，每年承担了本科生及八年制的教学任务。数十年来，科室培养了一大批博士及硕士研究生。部分学生留院工作，已经成为科室骨干及中坚力量，部分学生输送至国内多家知名医院胸外科工作，许多也成为其科室的优秀人才。

"路漫漫其修远兮，吾将上下而求索"。基于雄厚的临床诊疗技术水平，依托中山医院强大的综合实力，我们将向"世界一流胸外科诊疗中心"不断前行！

完整项目内容，参考网站：http://www.zs-hospital.sh.cn/
英文网站：http://www.zs-hospital.sh.cn/zsyy/n15/index.html

网站设计招标

复旦大学附属中山医院中英文网站建设项目采购信息
我院决定采购以下网站建设项目，欢迎有资质的公司参加报名：

一、项目名称:复旦大学附属中山医院中英文网站建设项目

二、报名时间:2017 年 5 月 20 日

三、报名截止时间:2017 年 5 月 28 日下午 3 点

四、报名资料

1. 报价单。

2. 网站设计方案。

3. 企业营业执照。

以上证件一式五份并加盖公司印章,装信封密封。

五、报名地点:上海市徐汇区枫林路 180 号/徐汇区斜土路 1609 号

六、联系人:中山医院党委建设办公室

七、联系电话:021 - 640×××

复旦大学附属中山医院
2017 年 5 月 20 日

医学网站翻译项目报告

1. 项目分析

  复旦大学附属中山医院是国家卫生健康委员会委属事业单位,是复旦大学附属综合性教学医院。医院开业于 1937 年,是中国人创建和管理得最早的大型综合性医院之一,隶属于国立上海医学院,为纪念中国民主革命的先驱孙中山先生而命名。中华人民共和国成立后曾称上海第一医学院附属中山医院和上海医科大学附属中山医院,2001 年改为复旦大学附属中山医院。中山医院的愿景是"建设国内一流、国际知名的现代化创新型综合性医院"。为了实现这一愿景,中山医院建立英文官网,旨在提高网站的医疗就诊功能,满足外籍病人来访就医的需求,提高医院的国际影响力。

1) 项目内容

  项目内容包括医院概况(About Us)、科室介绍(Departments)、重点学科(Key Disciplines)、门诊服务(For Outpatients)和逸仙医院(Yixian Hospital)。具体来说,医院概况包括医院概况、交通指南、历任院长、医院平面图和中山医院户外平面图。科室部分包括肿瘤内科、耳鼻喉科、放疗科、风湿免疫科等 58 个科室。门诊服务包括特需门诊介绍、特需门诊就诊流程、体检中心概况、门诊就医流程图、门诊就医时间和地点、门诊就诊咨询电话和网址、门诊预约方式、门诊预约流程图。待译总字数为 93,794 字。

2）翻译团队

整个翻译团队由 7 名译员和 3 名审校老师组成，其中 5 名是 MTI 的学生，2 名是翻译学和文学的学生，其中 1 人本科学习的是医学英语，对医学术语有一定了解。3 名审校老师中有 1 名是在美国一家医院工作的麻醉师，持有美国医学学士学位，另外 2 名是持有翻译学博士学位的高校教师。

2. 译前准备

在译前阶段，团队投入了大量时间解构项目要求、分析项目特点、明确目标读者、撰写《翻译须知》。后期环节及管理效果表明，充分的译前准备可以起到"事半功倍"的效果，极大提高翻译效率，保证译文质量。

团队对项目要求进行了细致的解构。项目要求为医院介绍，包括医院简介、科室专家介绍、就诊指南等基本信息，并以网页作为最终呈现载体。翻译要求通俗易懂，中标方式为试译。具体要求要从医学文本、医院英文网站和医学翻译的视角进行分析。

1）医学文本

受医学严谨性、客观性和科学性影响，医学文本具备表述客观、逻辑严谨、结构清晰等特点。

2）医院英文网站

医院英文网站的目标读者主要包括就诊患者、社会大众和国外合作伙伴（如科研院所、高等院校、综合医院等）。因此，译前应考虑目标读者的阅读习惯，考察、借鉴国外权威医院官网的语言风格。根据项目经理的安排，小组成员分别检索浏览了国外部分权威医院网站，如哈佛大学医学院麻省总医院官网、约翰·霍普金斯大学医院官网、伦敦惠灵顿医院官网等。组员一致发现国外医院官网具备两大语体特点：第一，较少使用描述性、口号式用语，多列举排名数字、社会捐赠、运营信息等内容，感情色彩不突出，文风严谨；第二，网站简介部分多使用第一人称，拉近与读者的距离，读来使人感觉亲切。针对后者，究其原因，项目组认为与国外顶尖医院多为私立，更注重创收盈利，需要通过排名、捐赠、人称等方式招徕患者就医密切相关。

3）医学翻译

涉及大量术语是医学翻译的显著特征，也是对译者的极大挑战。医学翻译较其他类型文本更具难度的另外一点是由于相关内容会间接关乎患者的生命健康，译者在医学翻译过程中"应认真谨慎……不能想当然地翻译，要查实资料……同时统一术语的翻译应从一而终，应尽量采用约定俗成的通用译名，同时应保证同一文章中对同一术语使用同一译名"（闫婷，2010：99）。在对项目要求、项目特点和目标读者条分缕析后，项目经理与审校将组员的讨论结果落实纸面，并列举检索资源、制定格式要求，一同撰写了如下《翻译须知》，为译者的后续翻译工作提供参考。

翻译须知

1. 翻译要求

a. 以就诊患者为目标受众，遵循用户友好原则，忠实再现原文文本的对外宣传和信息发布功能，为病人及其家属提供清晰易懂的医院、科室、专家介绍和简便易行的预约、挂号、体检等操作流程；

b. 译文准确、通顺，不漏译、误译；

c. 医学术语（含学科、药物、疾病名称、治疗方法、医疗技术、医疗器械等）处理得当，注重规范性、专业性、一致性。

2. 检索资源

本项目涉及大量医学术语，种类繁多，专业性强。针对其中已规范的医学术语，译者可综合检索：

a. 权威医学字典、词典

a‐1. 国内权威英汉医学词典

综合类：李定军教授主编的《英汉医学大词典》（上海科学技术出版社，2016）、《英汉·汉英医学词汇手册》（上海外语教育出版社，2012）、《英汉医学词典（第 3 版）》（上海科学技术出版社，2009）

专科类：谭基明主编的《英汉临床外科词典》（人民卫生出版社，2000）等

a‐2. 国外权威医学词典

Dorland's Illustrated Medical Dictionary（《道兰插图医学词典》）、*Taber's Cyclopedia Medical Dictionary*（《泰伯医学百科辞典》）、*Merriam-Webster's Medical Dictionary*（《韦氏医学词典》）等

b. 权威医学术语库：全国科学技术名词审定委员会建设的"术语在线"（https://www.termonline.cn/index）

c. 小组自建语料库：国内外医院网站语料库（含四川大学华西医院、哈佛大学医学院麻省总医院等国内外权威医院双语网站语料）

d. 权威机器翻译引擎：爱特曼（Atman）智能医学翻译平台（https://fanyi.atman360.com/text）

3. 格式要求

a. 字体字号

a‐1．原文、译文、总结

字体：中文宋体；英文 Times New Roman

字号：标题四号，加粗；正文小四，不加粗；文内小标题小四，加粗

a‐2．术语库

字体：中文宋体，英文 Times New Roman

字号：12 磅

b．文件命名

"科室名_**XXX**"（如："心电图室_总结"）

充分的译前准备有助于统一译文风格、提高翻译效率、保障产出质量、推动项目进展。做好准备才能"事半功倍"，从而在时间紧迫、任务繁重的情况下，真正做到"任务导向""质量导向""结果导向"。

3. MTPE 模式①

此次项目推荐译员统一使用 Atman ACT 智能医学翻译平台，对译文进行深度译后编辑，纠正机器译文术语、文风、格式等错误。首先，选择机器翻译有如下考虑：

（1）作为专业密集型文本，医学文本的表述通常遵循严格范式且包含大量术语，语言平实、科学、客观，语体创造性、内容灵活性较低，适合采用机器翻译模式。

（2）采用高质量的机器翻译，可以极大程度地提高翻译效率，推动项目进展，从而争取更多时间用于译后编辑，提升译文质量。

其次，考虑到医学文本的准确程度直接关乎患者生命健康，对译文的质量要求较高。因此，需要采用深度译后编辑，纠正译文错误。主要工作包括①订正标点、格式等机械错误；②检查术语一致性，保证术语准确、简洁，营造严谨、求实的文风。

Atman ACT 智能医学翻译平台是国内领先的免费机器翻译引擎，在语言资产、机器学习、术语存量和译文质量等诸多领域格外突出，"可提升 30% 的翻译质量，减少 50% 的翻译实践"（Atman）。

4. 项目亮点

1）严格控制翻译质量

整个翻译项目进行的过程中，译员们始终把项目质量摆在第一位。每篇译稿都分

---

① MTPE 模式指"机器翻译＋译后编辑"模式。

别经过机器翻译、译员译后编辑、译员互校、审校二校、审校三校等五个环节。其中一位审校老师是在美国工作的麻醉师,对医疗术语和医疗用语的表达十分熟悉,表达准确地道。经过重重审校,确保每篇文字表达流畅、术语准确,满足读者的需要。

2) 熟练使用翻译技术

本项目充分利用了现代技术带来的协作翻译便利。译前准备中,利用术语提取技术,准确快速地提取了项目文本中的术语,给后续翻译提供了极大的便捷。同时,搜集国内外各家医院的中英文网站的相关语料,如四川大学华西医院语料库、哈佛大学医学院麻省总医院语料库,制作成双语平行语料库,为后续的翻译实践提供了平行语料,保证了翻译的准确性和文风的一致性。翻译过程中,利用 Trados 等翻译软件,创建记忆库,及时保存翻译产生的语料,便于后续翻译交流。项目经理通过 YiCAT 翻译学习管理平台给各个译员分发任务。译员们通过 Atman 医学机器翻译软件完成翻译初稿,进行译后编辑,互校以后交给审校。审校通过 YiCAT 平台及时校对译文,定稿交稿。

3) 及时跟进项目管理

项目团队在前期指定项目流程的具体节点,明确每个成员具体项目内容,确定项目具体流程。每日任务完成后进行线上协作文档打卡,确保项目按时高质量完成。在项目进行过程中,由于使用了 YiCAT 平台,项目经理可以通过该平台随时监督项目进展过程,及时调整项目进度,推动项目进展顺利。

5. 翻译难点

1) 医学术语的翻译

一方面,由于大部分译员都不是医学专业出身,对医疗情况了解甚少,因此,很难准确地翻译医学术语。另一方面,医学术语种类繁多,非常复杂,包括疾病名称、医疗器械名称和医疗技术名称。此外,不同科室间的术语差异很大,很难彼此借鉴,需要花费大量的时间进行一一查证,确保术语理解准确无误。

2) 奖项名称的翻译

奖项是对一个科室取得成就的直观介绍,对于让病人了解科室的医疗水平和发展历程有着至关重要的作用。奖项名称繁多,颁发的机构、级别不一,很难遵循一个统一的范式进行翻译。这就要求译员仔细揣摩奖项名称的内涵,译出奖项名称的核心内容。因此,准确精当地翻译这些奖项的名称是一大难点。

3) 文本功能的再现

作为中山医院的网站,主要目的为对外宣传和为病人提供所需的医疗信息,翻译的译本也必须忠实再现原文文本的这种功能。所以,在翻译各个科室介绍的过程中,必须不忘宣传这一根本目的。

4）团队合作问题

由于各个译员采取的翻译策略有所不同，翻译的文风也有所差异。因此，在协作翻译的过程中，必须保持翻译文风的统一，提高各个成员之间的交流效率，否则一环的断链就会阻碍整个团队的正常运转。

本项目虽然有以上四大难点，但翻译结束后发现主要难点在于术语翻译，所以本报告重点解析术语翻译。

6. 术语翻译

1）术语的翻译原则和标准

术语翻译，根据源语和目的语的不同，可以分成两类，一是外来术语的汉译，二是汉语术语的外译。二者的翻译原则和标准既有相同之处，也有其特殊的地方。对于外来术语的汉译，马清海（1997：28）认为科技术语的翻译应符合三大标准，分别是"概念准确、一词一译的单义性原则""简明易懂、见词明义的简洁性原则""符合汉语科技语言及其术语的规范和国家、国际有关标准的规范化原则"。姜望琪（2005：65-69）认为术语翻译的标准应兼顾"准确性""可读性"和"透明性"。可读性强调术语使用上的便利；透明性是指"读者能从译名轻松地辨认出源词，能轻松地回译"；三者中准确性最为重要，为求准确可以适当牺牲其他。候国金（2009：69-73）则不同意将准确性放在首位，进一步提出"系统-可辨性原则"，指出翻译术语时应充分考虑术语的系统性，同时兼顾不同术语系统的差异性。因此，我们在翻译外来术语时，准确性应当是首要遵循的原则，用语一定要科学、规范、专业、准确。同时注重简易性，易读易用。此外，还需将术语放在整个术语体系中综合考虑，体现术语的系统性。

对于汉语术语的外译，除了遵循上述"准确性""简易性""系统性"原则之外，还要考虑到汉语术语的独特之处。在中国传统术语中，中医术语颇具代表性，包含了中国古代医学、药学、生理学、哲学等大量学科内容，很多术语在西方语言中都无法找到对等词。针对中医术语的翻译，李照国（1996：31-33）提出五项基本原则，分别是"自然性原则""简洁性原则""民族性原则""回译性原则""规定性原则"。所谓自然性，是指术语的翻译应为"译入语中自然的对应语"，具体来说就是如果某中医病名和西医已有病名相似，则可以直接使用该西医名作为翻译；"民族性"是指翻译时要考虑到中医的文化特殊性，它是中华民族特有的，具有鲜明的民族性，这一点在翻译时要予以体现。汤思敏（2010：555-557）充分肯定了李照国的原则，并在此基础上进一步补充了"准确性""统一性""习惯性""学术性"四个原则。张晶晶、戴琪（2006：740-742）则认为中医名词术语的翻译应当遵循"科学性原则""信息化原则""规范化原则""接受性原则"和"文化性原则",其中的接受性原则强调以外国读者的接受性为术语翻译的主要衡量尺度。因此,在对汉语术语进行外译时,由于中国文化的特殊性,处理起来较为复杂,要特别注意处理好目的语读者接受程度和源语文化保留程度之间的矛盾。

2)术语的翻译策略和方法

术语的具体翻译策略和方法有很多,但更多时候需要在实际运用过程中具体问题具体分析。黄忠廉、李亚舒(2004:103-108)认为音译、形译、意译、音译兼意译、借用是术语翻译的常用方法。张彦(2008:52-69)针对科技术语总结出了十大翻译法,分别是:约定俗成法、正序翻译法、既成事实法、创造发明法、模仿再造法、间断缩略法、概念转换法、同类比喻法、图形描绘法、反面着笔法。为方便处理,将此次项目中的术语分为"已规范术语"和"未规范术语",分别讨论其翻译策略。

a. 已规范术语的翻译

已规范术语是指那些已经由相关行业或相关机构发布、具有约束性标准、已得到确立和认可的术语,通俗来说就是已经"约定俗成"的术语。对于这些术语,就不需要再翻译,完全遵守即可。郑述谱(2012:103)强调即使"对现有的规范存有不同看法,甚至规范本身确有值得商榷之处,第一位的还是要遵照执行。对翻译来说,这里的最高原则可能是'照翻无误'"。在本项目翻译过程中,遇到了大量已规范术语,如表 2.1 所示。

表 2.1 汉英术语对照

中 文	英 文
心力衰竭	heart failure
胸腺肿瘤	thymic tumor
尘肺病	pneumoconiosis
除颤	defibrillation
梗阻性黄疸	obstructive jaundice
肝移植	liver transplantation
外科学	surgery
红斑狼疮	lupus erythematosus
帕金森病	Parkinsonism
颅脑损伤	craniocerebral injury
尿毒症	uremia

续　表

中　文	英　文
透析	dialysis
纵隔镜	mediastinoscopy
心脏起搏器	pacemaker
心电图	ECG
糖皮质激素	glucocorticoid

大部分疾病、药物、医疗器械、治疗术等术语都有相应的规范译法,我们在翻译的时候,就是要查找到相应的规范译法。一般可以借助如下资源查找:①工具书,如相关权威医学字典、词典;②文献书刊,如权威学术论文、学术期刊、医学专著;③术语标准,如相关术语的 ISO 国际标准以及国家标准;④网络资源,如相关医学网站、论坛、搜索引擎等。

在确定规范译法时,可能会遇到某个术语存在两个甚至两个以上的翻译版本,并且都属于规范译法。例如,科室名称的翻译就有两种方式,如"病理科"就对应"Department of Pathology"和"Pathology Department"两种翻译。出现这种情况,是由于英文可以使用介词 of 来表达所属概念,而中文构词不常用这种方式,所以两种英文术语表达都指称"病理科"这一概念,且都具有单义性,因此两种方式都正确。在选取过程中,虽然二者都可用,但虑及术语的系统性,如果选择了其中一种表达方式,那么在翻译其他同类术语时也应同样选择该种译法,保持术语的统一性。

还有一点值得注意的是,在翻译过程中会遇到一些结构相似的术语,按照术语的派生性原则,对应译文的结构很大程度上也会一致,譬如"癌"的中英文术语都是以"某一器官名"加上"癌"来指称。但有时也可能不同,千万不能想当然地进行翻译,如表 2.2所示。

表 2.2　有待特别注意的术语

中　文	英　文
运动功能障碍	motor dysfunction
平衡功能障碍	balance dysfunction
言语障碍	speech disorder
认知障碍	cognitive impairment
吞咽功能障碍	dysphagia

上述中文术语都属于"XX障碍"结构,在确定"运动功能障碍"和"平衡功能障碍"的译法之后,译者便想当然地认为这类术语的译法都是"XX＋dysfunction",经过审校后才发现"言语障碍"和"认知障碍"中的"障碍"另有专门表达,"吞咽功能障碍"甚至只对应一个单词。因此我们在翻译过程中,一定要特别注意术语的专业性和规范性。

b. 未规范术语的翻译

未规范术语的翻译是术语翻译的重难点。由于没有标准译法,译者要自行选择甚至创造术语,还要严格遵循术语的特性和命名原则。这类术语的处理需要花费较多时间和精力,特别是其中那些具有中国特色的术语。下面试举几例:

【例1】

原文:医院配制有**雷公藤**等系列中药制剂,对结缔组织病、自身免疫性皮肤病、过敏性皮肤病等皮肤顽症都有令人满意的疗效。

初译: It has many Chinese medicine preparations like **tripterygium wilfordii**, which possess satisfying curative effect on connective tissue diseases, autoimmune dermatoses, allergic dermatoses and etc.

改译: We have formulated many Chinese medicine preparations such as **Lei Gong Teng series**, which possess satisfying curative effect on a number of refractory dermatology conditions including connective tissue diseases, autoimmune dermatoses, allergic dermatoses, etc.

分析:句中"雷公藤"一词属于中医术语,是一味草药,对红斑狼疮、皮肌炎、混合性结缔组织病等皮肤病都有一定程度的疗效。在翻译中医术语时,目的是让外国读者能够理解其基本含义,同时认识到其背后蕴含的中国传统文化内涵和特色。赵护林、刘月华(2011:39-40)总结出四种中医术语翻译方法,分别是直译法、意译法、音译法或音意结合法、术语替代法。一开始在翻译"雷公藤"这一术语时,考虑到术语的专业性,将其译成了"tripterygium wilfordii",这是雷公藤的拉丁学名,采取的方法是用西医术语代替相近或相同的中医概念。后经审校后改译为"Lei Gong Teng series",从效果上看,后者显然更好。原译虽考量到术语的专业性,但未免过于专业,普通读者对这样一个冗长的拉丁译名肯定很费解,既未达意,反倒增加理解难度。前文提到"中药制剂",后面出现的却是拉丁术语,容易让外国读者产生中医也用拉丁术语的误解。另外,作为一个极具中医特色的词汇,原译的译法完全丧失了其背后的中医文化色彩;改译通过音译结合的方法,既点明了"雷公藤"是一种"series"(制剂)的本质,又较好地保留了中医特色,读者完全可以通过上下文理解"Lei Gong Teng series"是一种治疗皮肤病的中药制剂。该文本只是科室介绍，并非科普文章，重在传递关键信息。

【例 2】

原文：除此之外，我科自行研制了**三藤合剂、活血合剂、乌灵糖浆**等 10 余种内服制剂，以及丙咪氯苯乳膏、复方苯甲酸溶液等 20 余种外用制剂，用于治疗结缔组织病等皮肤顽症，取得了很好的疗效。

初译：In addition, it has developed over 10 internal preparations like **Santeng Mixture, Mixture for Invigorating Blood Circulation, and Wuling Syrup**, with over 20 external preparations such as Imipramine Chlorobenzene Cream and Compound Benzoic Acid Solution, for the treatment of connective tissue diseases and other intractable dermatoses, which have achieved good results.

改译：In addition, our department has developed over 10 oral formularies including **Santeng Mixture, Mixture for Invigorating Blood Circulation, and Wuling Syrup**, as well as over 20 external formularies such as Imipramine Chlorobenzene Cream and Compound Benzoic Acid Solution. These formularies have achieved remarkable results in the treatment of connective tissue diseases and other intractable dermatoses.

分析：此处再次涉及三个中医药剂术语：“三藤合剂”“活血合剂”“乌灵糖浆”。吸取上例经验后，分别将其译作“Santeng Mixture”“Mixture for Invigorating Blood Circulation”“Wuling Syrup”。“合剂”和“糖浆”这两个术语都可以采用术语替代法，西医里分别都有对应概念“mixture”和“syrup”，因此关键在于“三藤”“活血”“乌灵”的翻译。据上例的操作方法，由于“三藤”和“乌灵”属于中草药，因此直接采用音译。而“活血”并非中草药，指的是药效，意为促进血液流通，在西医中也有这一概念，因此使用意译“Invigorating Blood Circulation”，便于西方读者理解。如果采用音译法译为“Huoxue Mixture”的话，置于“Santeng Mixture”和“Wuling Syrup”中间，很容易让不懂汉语的读者误解为“Huoxue”和“Santeng”“Wuling”一样是中药名的一种。

3）疾病与治疗手段的翻译

大部分疾病名称和治疗手段都可以直译，但是也有一些需要根据语境进行适当处理。

a. 直译

“标准胰十二指肠切除手术”译为“standard pancreaticoduodenectomy”；“扩大胰十二指肠根治手术”译为“extended pancreaticoduodenectomy”；“胰腺切除手术”译为

"distal pancreatectomy"。

b. 根据逻辑关系添加合适的介词

在翻译某些疾病的治疗手段时,中文常常使用动词来表达"治疗"这一方式,而在英文则使用某一特定介词来表达。例如,在"肺切除术治疗结核病"翻译中,可以查得"肺切除术"为"pneumonectomy","结核病"为"tuberculosis"。由于实施肺切除术是为了治疗结核病,所以可以使用介词 for 连接两个词,即"pneumonectomy for tuberculosis"。再经查证后,"肺切除术治疗结核病"的标准译法就是 pneumonectomy for tuberculosis。因此,在之后的翻译过程中,相似的词组都用了同一翻译策略进行翻译。

c. 采用术语变体

在翻译的过程中,部分疾病或者治疗手段很难通过一一对应的方式进行翻译,因此只能把整个术语放到句子中进行全盘考虑。例如,在翻译"用国产丝绸试剂人造血管,以代替进口人造纤维血管"一句中,"丝绸试剂人造血管"和"人造纤维血管"是两个专业术语,单个术语又可以进一步拆分。例如,"丝绸试剂人造血管"由"丝绸""试剂"和"人造血管"这几个词组成,对应的英文组合起来有多种,但都没有在网上查证到匹配度高的组合形式,所以翻译时采用了该术语的"变体",翻译成"replace imported vascular grafts made of synthetic fiber with those made of domestic silk reagent",更侧重于将其置于句子中,而不是作为单独的词组。

4) 奖项与荣誉的翻译

除了医学专业相关表达之外,最大的难点还在于中文表达特色的处理。科室介绍中的成果与荣誉部分,有很多极具中国特色的奖项名称,如"全国三八红旗集体""全国妇女巾帼文明岗"等。通过资料查找并未找到相关的译法,所以尝试了意译法进行翻译,经审校修改之后分别译为"'March 8th' Red Banner Collective Award"和"National Excellent Female-Worker Post",比较清晰完整地表达出了原文的意思。又如在翻译"全国文明单位"时,此处的"文明"绝不可以翻译成"civilized",而应该翻译成"outstanding"或者"model"。这里的文明是示范性、先进性的意思。

7. 项目反思

1) 翻译策略
a. 慎重选词,兼顾语言的专业化和通俗性

本文的主要用途是为了满足病人就医的需要,因此需要一定的可读性,不能一味采用所谓的高级词汇,这些单词对于英语本土人士来说,在一般书面语中并不常用。另一方面又必须兼顾文本的书面性,不能采用一些过分口语化的表达方式。例如,在表示

"肠道癌"这一病症时，"intestinal cancer"和"bowel cancer"这两个术语都可以对应。又如，在表示口腔科这一科室时，"Stomatology Department""Dentistry Department"和"Oral Medicine Department"都可以对应。比较之后不难发现，在术语的选择上，有的学术性更强，有的则偏重常用口语。译员一般都倾向于选择学术性较强的术语，但是通过审校的译稿中，很多过于学术的词汇都被替换成了更日常的表达。因此，在翻译这样的文本过程中，还是要更加注重文本的功能性，满足病人的就医需求。

b. 以译后编辑达成目标

译后编辑机器译文，以满足读者需求为目的，省略不译或者灵活改写原文中的次要信息。

【例 1】

原文：受国家卫生健康委员会委派，自 2011 年开始，每年组建国家医疗队，远赴新疆、云南、青海、四川、安徽等省、市、自治区的老、少、边、穷地区开展巡回医疗工作。先后对口支援新疆喀什地区第二人民医院、云南省富源县人民医院、西藏日喀则地区人民医院、云南省曲靖市第二人民医院、西藏察雅县人民医院、西藏岗巴县人民医院，全面援建工作取得良好成效。

Atman 译文：Appointed by the National Health and Wellness Committee, since 2011, a national medical team has been established every year to carry out tour medical work in old, young, border and poor areas of Xinjiang, Yunnan, Qinghai, Sichuan and Anhui provinces, municipalities and autonomous regions. He has successively supported the Second People's Hospital of Kashgar, Xinjiang, the People's Hospital of Fuyuan County, Yunnan Province, the People's Hospital of Shi Ka Ze, Tibet, the Second People's Hospital of Qujing City, Yunnan Province, the People's Hospital of Chaya County, Tibet, and the People's Hospital of Gangba County, Tibet, and achieved good results in comprehensive construction.

修改后译文：Assigned by the National Health Commission, Zhongshan Hospital has dispatched national medical teams on a yearly basis since 2011 to underdeveloped regions in Xinjiang, Yunnan, Qinghai, Sichuan, Anhui and other provinces, where they provide medical services and partner assistance for local hospitals. Such effort proves to be a success.

分析：原文主要介绍了中山医院的对口帮扶工作。从文体特征角度审视，多次出现的并列结构尤为醒目，如"新疆、云南、青海、四川、安徽""省、市、自治区""老、少、边、穷"

"新疆喀什地区第二人民医院……"。

医院网站的基本受众为就诊患者,通常以快速获取主要信息为阅读要求。因此,在翻译过程中应秉持简洁原则,通过删除冗余、调整语序等方式产出清晰易懂的译文,便于读者快速获取有效信息。所以针对机器翻译的全文译文,译者要进行译后编辑,首先对原文的并列结构进行适当删减和调整,如删除"省、市、自治区",并将"老、少、边、穷"和"新疆喀什地区第二人民医院……"分别概括为"underdeveloped regions"和"local hospitals"。此外,调整原文部分语序,将国家医疗队的两个主要帮扶工作——"开展巡回医疗工作"及"对口支援"——并列呈现,依次译为"provide medical services"和"partner assistance",整合类似意群,厘清原文结构,把握主旨,突出要点,提供患者亟需的有效信息,从而提高阅读效率,增进阅读体验,发挥医院英文网站的对外宣传、信息发布的功能。

【例 2】

原文:中山医院将始终担负"以病人为中心,致力于提供优质、安全、便捷的医疗服务。通过医疗、教育、科研和管理创新,促进医学事业的发展,提升民众的健康福祉"的使命,倡导"严谨、求实、团结、奉献、关爱、创新"的核心价值观,以严谨的医疗作风、精湛的医疗技术和严格的科学管理,为建设国内一流国际知名的现代化创新型综合性医院而努力。

Atman 译文: Zhongshan Hospital will always assume the responsibility of "patient-centered, committed to providing high-quality, safe and convenient medical services. Through medical, education, scientific research and management innovation, promote the development of medical cause and improve the health and well-being of the public" mission, advocate the core values of "rigor, truthfulness, solidarity, dedication, care and innovation", and strive to build a first-class internationally renowned modern innovative general hospital in China with rigorous medical style, superb medical technology and strict scientific management.

修改后译文: Adhering to its patient-centered spirit and advocating its motto of being "rigorous, pragmatic, united and dedicated", Zhongshan Hospital endeavors to build itself into an Asian leading and internationally renowned hospital with its rigorous professional style, exquisite medical skills and strict scientific management.

分析:节选例句作为复旦大学附属中山医院简介的末尾,用意在于彰显医院的使命、愿景,向就诊患者、社会大众、国外合作伙伴等读者群体树立良好的医院形象。原文具有鲜明的宣传导向。然而,在译前检索搜集并制作语料库时发现,国外权威医院网站简介部分较少使用描述性、口号式用语,比较求实、客观。因此,译者没有采用机器翻译的译文,而是首先梳理原文主干并切分意群,简化、删减原文的宣传性表述,进行一定程度上的改写,在风格上更符合医学语体风格要求:严谨朴实、精简干练。

2) 项目管理

除了采用合适的翻译策略以外,本次项目的顺利执行还要归功于合理的翻译项目管理以及过程中的及时沟通、高效协作。沟通的本质在于交换知识、传递信息、规避误解。在时间有限且任务量大的工作模式下,及时沟通显得格外重要,对于项目的顺利进展发挥了至关重要的作用。美国项目管理协会根据涉及的知识领域,将项目管理分为质量、进度、成本、沟通管理等十大领域。其中,质量管理、时间控制和成本管理是核心领域。围绕保质、高效两大要求,以精心谋划、及时沟通、群策群力为基本对策,实现全程有效管理,顺利完成翻译项目。

项目组依托微信群、腾讯会议、文档批注等直接或间接的线上沟通渠道,鼓励组员畅所欲言、密切联系。从项目管理效果反观沟通的作用,主要有以下四点:①深入了解项目要求,厘清重点、难点。②把握医学文本的文体特征、医院网站的语言风格和医学翻译的策略方法。③实现透明化项目管理,既明确分工、各司其职,又协同合作、互通有无。确定主要时间节点后,在"腾讯文档"上建立"医学翻译项目任务进度表",便于项目成员及时明确各自任务、截止时间及整体进度,提高协作效率与契合度;同时也便于机动调整时间节点及任务进度。④群策群力解决问题,如译前语料和机器翻译平台选择、翻译策略的整合归纳等。

总而言之,作为身处科技时代、面向实战实训的翻译专业学生,既要"术"有所精,不断打磨翻译技术,提高检索能力,熟练技术操作(MTPE、CAT);更要"道"有所长,练就运筹帷幄、协调各方、高效沟通的综合素质,真正成为"双语功底扎实、国学基础略备、杂学知识广博、思辨能力灵锐、实践能力过硬"的综合性人才。

本项目拓展题

个人思考题

(1) 你认为医学翻译最大的挑战是什么? 有哪些解决方法和策略?

(2) 请搜索国外某家医院网页,可以是综合性医院或者专科特色医院。通过阅读网页关注相关术语表达,摘选下来做成一个术语库。小组之间互换术语库,建成一个更大更全的医学术语库。

（3）术语可以翻译吗？术语翻译有什么特殊要求？医学领域的术语通常很新,该如何高效地定名？

（4）在翻译小组合作的过程中,出现了什么具体问题？请总结记录,并在课堂进行交流。尤其是译前、译中和译后三个阶段,分别要注意哪些事项。

小组合作题

任务1:应聘设计中山医院的英文网站

（1）设计一个应聘方案并思考有哪些亮点会让你们脱颖而出,获得英文网站设计的权利。

（2）小组讨论:翻译后的文字链接到网站上需要做哪些变通和调整？如何做到以读者（客户）为中心,准确清楚地传递阅读者所需要的信息？

（3）括号中是复旦大学附属中山医院的英文网址（http://www.zs-hospital.sh.cn/zsyy/n15/index.html）,请从英语客户的角度评价该网站是否遵循了用户友好原则,是否提供了病人或者其家属需要的信息,提供的信息是否清楚易懂。

任务 2：分组去考察一家外国英语网站

（1）用中文写一份报告，锻炼信息抓取能力和中文概述能力，为中国读者介绍该医院特色；

（2）选择特色栏目译成中文，进行协作翻译，注意医学翻译的准确性。

任务 3：分组讨论如何提高医学资料的翻译质量，尤其是中医术语的翻译策略

以 2020 年上海科学普及出版社出版的《新冠肺炎中医防治读本》中的"上海市新型冠状病毒感染的肺炎中医诊疗方案"为例，从翻译项目管理角度，制定一个最佳翻译方案。中医术语可参考资源包中的"中医术语表（汉英对照）"。

第3章 产品说明书翻译项目

导语

产品说明书翻译项目有两个特点：

（1）原文结构化写作特点明显，描述性、操作性文字较多，往往配有图片，需要技术支持处理图片；

（2）由于说明书适用读者范围较广，翻译的内容要通俗易懂，文字表述不能过于专业化。

教学建议

（1）按照本章操作，各类产品说明书翻译，大到各类大型器械如飞机、导弹说明书，小到玩具、化妆品、牙膏牙刷等日用品说明书等都可以采用这一模式。

（2）本项目结束后建成的语料库和术语库，可以给任何一种产品的说明书翻译提供参考。

翻译概要

（1）需要把说明书从中文译成英文，译文通俗易懂。

（2）译后的说明书所含图表保持原图大小。

（3）译后的说明书字体排版要适合阅读，不宜太拥挤。

（4）需要提供术语表附录，以便审核专家核对。

翻译项目内容选摘

Instruction Manual
D103238X012

February 2017

JEQ 型

切断阀

内容

简介

指导手册的范围

本指导手册为 JEQ 型切断阀提供了有关安装、调节、维护和零件订购的信息。

说明

JEQ 型切断阀用于在系统内的入口和 / 或出口压力超过或低于设定压力时完全、快速地切断气流。因此，JEQ 型切断阀能够保护传输和配送网络或管道供气行业和商业业务。

图 1. JEQ 型切断阀

技术规格

		结构材料：	
最大入口压力：	102 bar / 1479 psig	**阀体：**	WCB
脱扣压力范围：	0.01 到 100 bar / 0.145 到 1450 psig	**阀盖：**	钢
		阀塞：	钢 / 316 不锈钢（可选）
切断精度：	高达 AG 1	**阀塞 O 形密封圈：**	(NBR) 丁腈橡胶
响应时间：	≤ 1 秒	**阀座圈：**	不锈钢
流量系数：	参见表 2	**机械盒 (BM)：**	铸铁
阀体尺寸：	DN 25, 50, 80, 100 and 150 / 1, 2, 3, 4 and 6 in.	**第一、二级机构：**	钢
法兰等级：	CL150 RF, CL300 RF and CL600 RF，PN 16, PN 25 and PN 40	**膜片：**	(NBR) 丁腈橡胶 提供可选 316 不锈钢阀芯部件
压力感应连接：	3/8 NPT	**近似重量：**	参见表 4
工作温度：	-20 到 60°C / -4 到 140°F		
工作介质：	天然气，煤气，液化石油气，和其他无腐蚀性的气体		

ap.emersonprocess.com/regulators

JEQ 型

操作

系统中的压力通过信号管被测压感应设备（BMS）感应到。BMS 将压力波动传到机械盒（BM）中。如果这些波动达到 BMS 的设定压力，本设备将激活 BM 中的脱扣机制，从而导致阀门被切断。请参见图 3。

BM 用于关闭切断阀。双级脱扣机制会感应压力变化的检测结果。第一级是检测机构，只在系统压力达到 BMS 的设定压力时才会脱扣。第二级是动力机构，一旦第一级脱扣，关闭弹簧会推动阀塞完成切断动作，并保持关闭状态，直到切断阀被手动复位。由第二级组件引起的任何入口压力变化或振动将不会传输到第一级脱扣机制中。

关闭了 JEQ 型切断阀之后，必须手动将它复位，它才能重新投入使用。在复位 JEQ 型切断阀之前，请检查导致超压／失压状况的原因并妥善处理。

要将动力机构复位，请顺时针缓慢转动挂在 BM 外面的手柄（请参见图 7 和图 8）。

注
请妥善保管重锁手柄以免丢失。

当阀杆开始运动时，内部旁通管将打开并平衡阀塞两侧的压力，随后即可使阀塞脱离阀座。继续转动手柄以升起阀塞，锁上第二级（动力机构）机制。

配置

JEQ 型切断阀由一个主阀、一个 BM、一个或两个测压感应设备（BMS1 或 BMS2）、一个手柄以及其他部件组成（请参见图 2 了解它的配置）。JEQ 型切断阀的阀塞中整合了一个自动化的内部旁通管阀门机制，它会在复位时平衡阀塞两侧的压力。

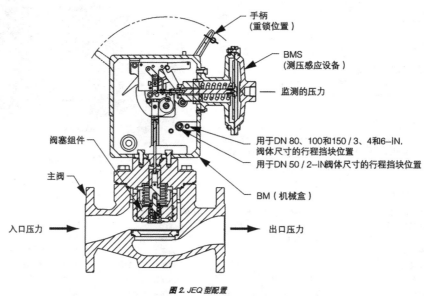

手柄
（重锁位置）

BMS
（测压感应设备）

—— 监测的压力

用于 DN 80、100 和 150／3、4 和 6-IN.
阀体尺寸的行程挡块位置
用于 DN 50／2-IN 阀体尺寸的行程挡块位置

BM（机械盒）

阀塞组件

主阀

入口压力

出口压力

图 2. JEQ 型配置

5

JEQ 型

安装

安装要求

> **注**
>
> 火灾和地震因素不在考虑范围之内。

- 确保管道压力匹配 JEQ 型切断阀铭牌上标明的工作压力。
- 安全测压感应设备（BMS）和弹簧必须与调压器出口端的工作条件相对应。

- 按照阀体上铆接的箭头方向安装 JEQ 型切断阀。
- 在安装之前清理所有管道，并确保阀门既未损坏，也没有在装运过程中积聚任何异物。
- 与相邻的元件进行装配时，必须小心翼翼，不要在阀体上施加额外的力。必要时，必须使用支撑物，并将其安装在法兰的下方。
- JEQ 型切断阀安装在调压器入口端的水平管道上，带有一个位于阀体上方（所有尺寸）或管道下方（DN 25、50 和 80 / 1、2 和 3-inch 阀体尺寸）的机械盒（BM）。
- 为操作、维护和拆卸留出足够的空间。
- 请勿对设备的结构进行任何改造（钻孔、研磨、焊接等等）。
- 不允许人为阻止切断动作或延迟切断动作。
- BMS 需要使用一条外部感应管，它应接到切断阀下游的管道 4 到 6 管道直径的直段中。请参见图 7 和图 8 以了解详细信息。
- 使用压力表监测入口和出口压力。请参见图 7 和图 8。

> **注**
>
> 如果已经在管道上安装了 JEQ 型切断阀而且需要在管道中执行清洁维护或压力测试，则需要拆卸切断阀。

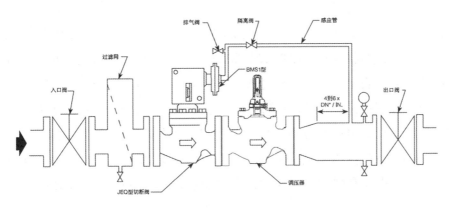

感应管应接入到切断阀下游的 4 到 6 标称管道直径中。

图 7. 只使用一个测压感应设备（BMS1 型）进行超压和失压关闭

7

扫描二维码，查看
更多项目内容

产品说明书翻译项目报告

1. 产品说明书及其翻译概述

中国企业要走出去,产品外销,必须重视产品说明书的本地化,一般要求把产品说明书翻译成多语种版本。有的企业开始要求语言服务企业提供技术写作服务,即直接聘用母语译员重新撰写产品说明书。产品说明书如果翻译不够规范,或者提供的语言版本较少,会导致当地顾客无法理解,阻碍产品销售。

产品说明书是一种全面介绍产品的用途、性能、构造、使用方法、保养维修等事项的文字材料,一般由标题、正文、尾部等几部分构成,是一种常见的说明文。一般的产品说明书分为家用电器类、日用生活品类、食品药物类、大型机器设备类和设计说明书。附文包括产品的厂名、地址、电话、电挂、电传、联系人、生产日期等。出口产品在外包装上写明生产日期,中外文对照。

产品说明书的写作有两种方式:①正常的文档写作,完成后再修改格式、设计编排等,然后印刷出品;②利用内容管理系统(CMS)中的结构化写作,仅须按照要求填写相应的内容,其他的排版设计等会自动生成。本产品说明书属于第二种方式。比较正规的说明书会把用户关心的信息以用户易懂、易获取的方式进行写作排版,最终呈现给用户,其主要作用是指导用户消费和使用产品,传播产品相关知识,达到宣传企业和产品的目的。其主要特点有:内容讲究科学性;语言通俗易懂;层次分明,具有条理性。因此,撰写产品说明书要有强烈的责任意识和大众意识,要尽可能适应社会大众的特点和需要。

任何产品,不论引进来还是走出去,其说明书都要翻译成中文或外文。因此,产品说明书的翻译是比较常见的一种应用文体翻译。翻译过程中,要做到以下四点:

(1)忠实于原文,突出主要信息:不能随意增加或减少原文的信息,保证说明书的真实性和产品营销价值的统一性。

(2)术语翻译准确,表达通顺,行文简洁:正确理解术语,不懂的术语一定查证核实,不能望文生义。语言应通俗易懂,尽量简洁明了。

(3)换位思考,尽量以客户为中心,增加译文的可读性:能够让目的语用户读懂产品信息,正确操作和使用产品。

(4)对外保密:不得因自身或第三方利益而擅自使用原稿件或译后稿件,或者透露产品的最新信息。

2. 项目分析

本项目是一个切断阀说明书的翻译。切断阀是自动化系统中执行机构的一种,由多弹簧气动薄膜执行机构或浮动式活塞执行机构与调节阀组成,接收调节仪表的信号,控制工艺管道内流体的切断、接通或切换。切断阀一般在紧急情况下使用,是工业系统中最后一道保险,对工业安全至关重要。因此,在该项目的翻译中,需要更多地使用简洁明了的祈使句,对于一些危险操作要明确提出警告和禁止。

在译前准备阶段,项目经理须对翻译需求进行解读与确认,了解项目情况,包括文本类型、规模、项目工期、专业领域和工作难度、报酬预算等。此外,还须了解产品说明书的创作源。不同的来源将导致流程发生改变。常规的由 Office 软件或由专业的排版软件 Adobe InDesign 等生成,最为复杂、具有技术色彩的由内容管理系统生成。本案例分析由内容管理系统生成的一系列文件,通过整合所需资源、组建项目团队、制定翻译流程,确保质量和风控。

本案例翻译需求情况各项指标如表 3.1 所示。

表 3.1　翻译项目需求

指　　标	具 体 内 容
文本类型	Xml、SVG、ENT
项目规模	12,000 单词
项目工期	2 周
专业领域	产品使用说明书
工作难度	中等偏上难度
报酬预算	1,000 美金

3. 项目难点

本项目有三大难点:①译员对翻译的产品不熟悉,尤其是专业术语比较多,需要花时间去查找、核实和理解。②产品说明书中有很多图片和表格,如何直接移到译文中去,需要使用一些技术处理,有点难度。③如何翻译图片和表格中的文字。

4. 项目翻译流程

产品说明书的翻译依然遵循一贯流程:译前准备—译中翻译、审核—译后排版—译后审核与修订—项目提交—项目总结。基于本案例特点,其流程可规划为:译前准备(确认需求、团队组建、语料与技术准备等)、译中翻译与审核、译后排版、审核与修订、项目提交、项目总结。

1) 译前准备

a. 项目团队组建

项目主要有三个核心要素,即人、技术、系统。翻译项目团队的组建也基于实际项目特点以及这三要素进行。就本项目案例而言,首先,需要处理的文件类型(xml\svg\ent 等内容文件)决定必须采用 CAT(Computer Aided Translation)工具,同时从提供的语料资源得出翻译人员必须会使用 Trados。其次,以本项目专业领域及难度作为翻译团队的第二重筛选条件。最后,基于项目的工期和规模设定日均工作量,作为翻译团队的第三重筛选条件。综上,翻译人员必须具备科技翻译经验,日均产量达到 2,500 英文单词且 CAT 技术熟练。

为了使项目顺利进行,整个项目团队由项目经理、翻译人员、校审人员和技术人员四类人员组成。项目经理负责与客户进行沟通,确认翻译反馈与客户需求变更,随时针对人、事制定应变策略,确保项目顺利按时按质完成。翻译和校审人员通过语言知识和专业知识,按照客户要求完成项目。技术人员支撑项目,随时为翻译、校审以及项目经理提供技术支持和技术培训。

b. 语料和技术准备

项目需求包提供了语料文件(见图 3.1),我们需要基于翻译和校审人员所掌握的 Trados 工具进行分析和处理。不同版本的 Trados 软件所使用的语料格式有差异。如图 3.1 所示,可以判定 Trados 版本为 2007 或之前的版本。

使用较新的 Trados 版本时,我们需要升级语料至高版本,打开新版 Trados 进行升级处理。

在正式翻译之前使用 OCR 文字识别软件将 PDF 格式的原文转换成 Word 格式,进行批量修改与调整后再导入 Trados 进行翻译。使用 OCR 文字识别软件 ABBYY

_ENG-CHS.iix

_ENG-CHS.mdf

_ENG-CHS.mtf

_ENG-CHS.mwf

_ENG-CHS.tmw

图 3.1　项目需求包

FineReader 12,发现其文字识别比 Trados 更准确,但由于本次翻译实践原文中含有较多图例,而 ABBYY FineReader 12 对图片的处理效果不太理想,所以译前编辑的工作量比较大。因此直接将 PDF 文档导入,出现断句错误时添加备注,在翻译完成之后手动调整译文格式。

　　导入以后,开始创建记忆库和术语库,打开翻译文件,开始在 Trados 界面下翻译,如图 3.2 所示。

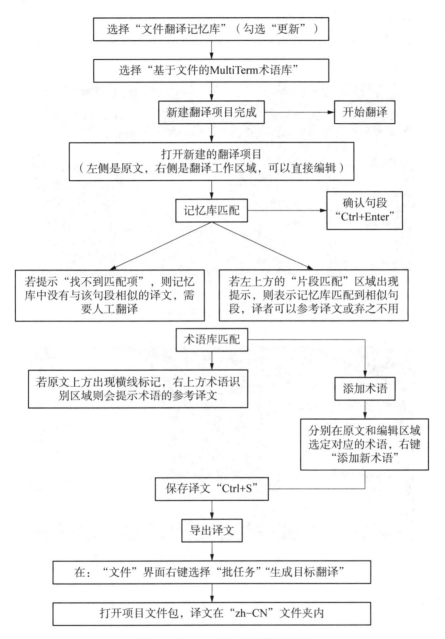

　　　　　　　　图 3.2　Trados 2021 翻译操作流程

c. 制作翻译风格指南

　　本项目涉及较多切断阀相关专业术语,需要提前查阅相关资料,收集术语。可供查阅的资源有中控流体、艾默生、霍尼韦尔、ABB、E＋H 等公司官网,或使用 UNTERM 等术语参考网站。

　　由于说明书文本属于商业文本的一种，根据不同公司品牌的审美、格式与理念要求，必定在字体选择上存在较大的差异，这也要求译者在翻译过程中特别注意在译文中的字体选择与排版美观。在翻译过程中，经过小组成员对原文文本的审核，发现约 8 种字体与排版规则（见图 3.3 和图 3.4）。

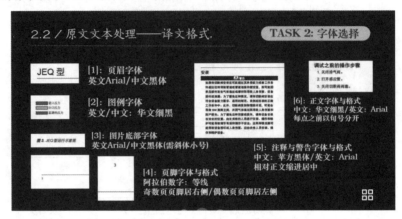

图 3.3　说明书翻译中的字体选择与排版格式注意（一）

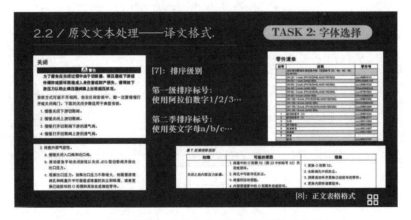

图 3.4　说明书翻译中的字体选择与排版格式注意（二）

　　因此，翻译前由翻译项目经理统一要求翻译中需要统一的格式、字体和排版要求，具体如下：

- 左右页边距统一设置为左右 2.5 cm；上下 3 cm。
- 页眉字体：英文为 Arial；中文为黑体；字号为 12 号。
- 页脚字体：阿拉伯数字，等线；字号为 10.5 号；奇数页居右；偶数页居左。
- 正文字体：英文 Arial；字号为 9 号；原文加粗的译文也需要加粗。

- 正文分隔：每点之间以句号"．"分开。
- 图片/表格底部字体：英文 Arial；标题需加粗；小标题字号 11 号；图例使用 10.5 号。
- 注释与警告字体：英文 Arial；居中。
- 排序标号：（第一级别）使用阿拉伯数字 1/2/3……；（第二级别）使用英文字母 a/b/c……。
- 表格对齐：（表格标题列）居中；（序号列）居中；（其他内容）居左。
- 零件清单表格字体：英文 Arial；字号为 7 号。
- 直接生成英文文本。
- 排版参照原文格式；具体细节翻译后汇总，进行二次统一。

2）译中翻译、审核

本次项目翻译和校审同步进行，按照工作量进行工作分配，以保证时间进度的一致性。翻译过程中如有疑问，提交项目经理 Query 表，项目经理理解后发送客户邮件，请求回复。分步完成翻译，分步进行审核，分步进行疑问汇总，分步答疑。最终译文全部结束后由项目经理收集，发给客户。项目经理、翻译校审人员、客户三方之间的互动沟通十分重要，也是质量保证的前提条件。

3）译后排版

a. 文字部分的排版

在文字部分的翻译中，根据上述要求与注意事项，小组成员在翻译中做到了分栏一致、字体统一、对照工整、字号大小合规、缩进统一、便于阅读（可读性）（见图 3.5）。

图 3.5　说明书翻译中的平行文本翻译对照——文字部分示例

b. 图片部分的排版

根据上述要求与注意事项，小组成员在翻译中做到了尺寸统一、图注格式统一、字号选择一致（见图 3.6）。

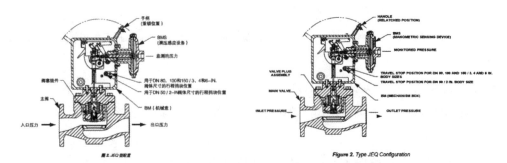

图 3.6(1) 说明书翻译中的平行文本翻译对照——图片部分示例

c. 表格部分的排版

零件订购

在与当地的销售部联系订购本设备时，请务必附上设备序列号。当订购备件时，请务必标明零件清单中的 11 位零件号。

零件清单

标号	说明	零件号
	JEQ 型切断阀主阀的备件包（包括标号 32、46、49、50、52 和 53）	
	DN 25 / 1-inch (PN16/25/40,ANSI150/300)	JJJJ49BX013
	DN 25 / 1-inch (ANSI 600)	ERAA08981A0
	DN 50 / 2-inch (PN16/25/40,ANSI150/300)	JJJJ56BX020
	DN 50 / 2-inch (ANSI 600)	ERAA08982A0
	DN 80 / 3-inch (PN16/25/40,ANSI150/300)	JJJJ57BX003
	DN 80 / 3-inch (ANSI 600)	ERAA08983A0
	DN 100 / 4-inch (PN16/25/40,ANSI150/300)	JJJJ58BX003
	DN 100 / 4-inch (ANSI 600)	ERAA08984A0
	DN 150 / 6-inch (PN16/25/40,ANSI150/300)	JJJJ59BX004
	DN 150 / 6-inch (ANSI 600)	ERAA08985A0
1	脱扣钩零件 (II)	JJJJ56BX024
2	脱扣钩套件 (I)	JJJJ56BX017
3	方杆	JJJJ56CX059
4	调节螺母	JJJJ56CX058
5	锁紧螺母	JJJJ56CX057
6	弹簧罩	JJJJ56BX055
7	弹簧	JJJJ56CX057

标号	说明	零件号
	DN 25 / 1-inch	JJJJ49CX008
	DN 50 / 2-inch (PN16/25/40,ANSI150/300)	JJJJ56CX006
	DN 50 / 2-inch(ANSI 600)	JJJJ56CX200
	DN 80 / 3-inch (PN16/25/40,ANSI150/300)	JJJJ57BX022
	DN 80 / 3-inch (ANSI 600)	JJJJ57BX023
	DN 100 / 4-inch (PN16/25/40,ANSI150/300)	JJJJ58BX022
	DN 100 / 4-inch(ANSI 600)	JJJJ58BX023
	DN 150 / 6-inch (PN16/25/40,ANSI150/300)	JJJJ59BX022
	DN 150 / 6-inch (ANSI 600)	JJJJ59BX023
	316 不锈钢	
	DN 80 / 3-inch (PN16/25/40,ANSI150/300)	JJJJ57BX025
	DN 80 / 3-inch (ANSI 600)	JJJJ57BX026
	DN 100 / 4-inch (PN16/25/40,ANSI150/300)	JJJJ58BX025
	DN 100 / 4-inch (ANSI 600)	JJJJ58BX026
	DN 150 / 6-inch (PN16/25/40,ANSI150/300)	JJJJ59BX025
	DN 150 / 6-inch (ANSI 600)	JJJJ59BX026
35	电偶 (II)	
	碳钢	
	DN 25 / 1-inch	JJJJ49CX007
	DN 50 / 2-inch	JJJJ56CX007
	DN 80 / 3-inch	JJJJ57CX007
	DN 150 / 6-inch	JJJJ59CX007
	316 不锈钢	
	DN 25 / 1-inch	JJJJ49CX022
	DN 50 / 2-inch	JJJJ56CX135
	DN 80 / 3-inch	JJJJ57CX026
	DN 100 / 4-inch	JJJJ58CX026

Parts Ordering

When corresponding with your local Sales Office about this equipment, always refer to the equipment serial number. When ordering replacement parts, be sure to include the 11-character part number from the Parts list.

Parts list.

NUM.	Description	Part Number
	Spare Parts Kit for Main Valve of Type JEQ (include keys: 32, 46, 49, 50, 52 and 53)	
	DN 25 / 1 in. (PN 16/25/40, ANSI 150/300)	JJJJ49BX013
	DN 25 / 1 in. (CL600)	ERAA08981A0
	DN 50 / 2 in. (PN 16/25/40, ANSI 150/300)	JJJJ56BX020
	DN 50 / 2 in. (CL600)	ERAA08982A0
	DN 80 / 3 in. (PN 16/25/40, ANSI 150/300)	JJJJ57DX003
	DN 80 / 3 in. (CL600)	ERAA08983A0
	DN 100 / 4 in. (PN 16/25/40, ANSI 150/300)	JJJJ68BX003
	DN 100 / 4 in. (CL600)	ERAA08984A0
	DN 150 / 6 in. (PN 16/25/40, ANSI 150/300)	JJJJ59BX004
	DN 150 / 6 in. (CL600)	ERAA08985A0
1	Tripping hook kit (II)	JJJJ56BX024
2	Tripping hook kit (I)	JJJJ56BX017
3	Square stem	JJJJ56CX059
4	Adjust nut	JJJJ56CX058
5	Locknut	JJJJ56CXD57

NUM.	Description	Part Number
	For Types BMS1 and BMS2	JJJJ56BX037
27	Handle	JJJJ56CX074
28	Manometric sensing device (BMS)	
	Type A	JJJJ56BX910
	Type B	JJJJ56BX911
	Type C	JJJJ56BX012
	Type D	JJJJ56BX038
29	Travel stop	JJJJ56CX020
30	Amortisseur	JJJJ56CX021
31	Stem assembly	JJJJ56BX005
32	Cushion	JJJJ56CXM03
33	Couple (I)	
	Steel	
	DN 25 / 1 in.	JJJJ49CX009
	DN 50, 80, 100, 150 / 2, 3, 4, 6 in.	JJJJ56CX005
	316 Stainless steel	
	DN 25 / 1 in.	JJJJ49CX023
	DN 50, 80, 100, 150 / 2, 3, 4, 6 in.	JJJJ56CX136
34	Bonnet	
	Steel	
	DN 25 / 1 in.	JJJJ49CX008
	DN 50 / 2 in. (PN 16/25/40, ANSI 150/300)	JJJJ56CX006
	DN 50 / 2 in. (CL600)	JJJJ56CX200
	DN 80 / 3 in. (PN 16/25/40, ANSI 150/300)	JJJJ57BX022
	DN 80 / 3 in. (ANSI 600)	JJJJ57BX023
	DN 100 / 4 in. (PN 16/25/40, ANSI 150/300)	JJJJ58BX022

图 3.6(2) 说明书翻译中的平行文本翻译对照——表格部分示例

在表格部分的翻译中(见图 3.6),根据上述要求与注意事项,小组成员在翻译中做到了表格内部文字格式一致、表格样式底色一致、表格对齐方式一致、行高适应字号与页面排版、表格内部文字大小与表格行距相适应。

4) 译后审核与修订

客户进行内审,其内审的文件是原始文件与译文的 PDF,而非 xml\svg\ent 文件,主要是使用 Acrobat Pro 版本并排审阅并批注,如图 3.7 所示。

图 3.7　客户审校图示

审核完毕后,客户将审阅版本的译文 PDF 发回项目经理;项目经理安排翻译人员按照 PDF 注释同步更新 xml\svg\ent 以及对应的语料库;最后提交给项目经理更新版本的 xml\svg\ent 文件;项目经理则提交给客户,完成项目。

5. 翻译策略

产品说明书主要向消费者介绍产品的性能、作用、生产工艺、使用方法等多种信息,其内容以客观描述、介绍产品的安全使用、工作原理、技术参数、结构、安装调试、操作和维护等为主。中文说明书一般用短语、祈使句、简单句比较多;英文说明书通常所使用的句子,与其他类型的科技论文比较,要简短一些,并不过多使用定语从句和状语从句,非谓语动词结构的使用则比其他文体要普遍得多。

1) 专有名词或专业术语的英译

技术文档最主要的一个特点是存在大量专业术语,而术语翻译存在较多困难。术语的单义性要求在一个学科领域内,一个术语只表述一个概念,同一概念只用同一个术语来表达,不能有歧义。本指导手册中的专有名词或专业术语都与 JEQ 型切断阀有关。本项目客户方提供了术语表,只要导入 Trados,在翻译过程中就可以直接调用了。如果客户没有提供术语表,项目经理一定要在较短时间内调出所有的术语,提供相应的参考译文发给译员们。在翻译过程中,可以结合具体语境和译员自己的理解进行协商调整。必要时咨询工程师或者术语专家(大型翻译公司都配有术语专家),确保术语翻译准确无误。

然而,在本产品说明书的翻译过程中,存在着许多单一术语译名多样的问题,即有的术语对应着不止一个翻译版本。例如,"切断阀"在整个说明书中多次出现,有的组员将其译为"slam-shut valve",有的组员译为"shut-off valve"。通过查阅资料,这两个英文术语都可以表示切断阀。此产品说明书中的切断阀应当如何翻译,还须结合说明书中的介绍做进一步分析(见图 3.8)。

图 3.8　本 JEQ 型切断阀的用途

由说明书可知,本 JEQ 型切断阀是用于切断气流的。"slam-shut valve"和"shut-off valve"都有切断气流的功能。经组员仔细查阅发现,二者的区别在于,"slam-shut valve"是用于关停气体的,"shut-off valve"既可以关停液体,也可以关停气体。所以从定义来看,两者都能对应说明书中的"切断阀"。但通过进一步检索图片,发现"slam-shut valve"与"shut-off valve"的外观不同。

由此可以很明显地看出"slam-shut valve"的外观与本产品说明书上的更加贴合（见图 3.9）。因此，我们可以确定将本说明书中"切断阀"这一术语统一翻译为"slam-shut valve"。

图 3.9 图片搜索结果

通过本例可知，正确翻译术语需要译者进行大量的资料查询工作。这首先要求译者具备相关领域的知识，在遇到单一术语有多个译名的情况时，应追根寻底，查证权威，避免不规范的术语翻译，采用最权威的译法。要在翻译术语前充分利用相关网站或书籍提供的术语对照表，查阅权威术语译名。除此之外，还可以利用大量的平行文本，如国内外出版的教材、专著等，以便确定该专业术语的译名。

表 3.2 是所有说明书翻译中可能都会用到的词语，可以收集整理保存，为以后类似文本的翻译积累相关知识和术语。

表 3.2 项目相关术语

中　　文	英　　文
简介	Introduction
技术规格	Characteristic
尺寸	Dimensions
重量	Weights
操作	Operation
安装	Installation
调试	Commissioning
维护	Maintenance
零件清单	Parts Ordering
配置	Configuration

2）简单句、无主句、祈使句和并列句的英译

从本说明书可以看出，中文说明书的简单句、无主句、祈使句和并列句很多，在英译时可以直接翻译成相应的简单句、祈使句或将其转化为英文的复合句,多采用分词短语、分词独立结构、不定式短语等**非谓语动词结构**。例如:

【例1】如果这些波动达到BMS的设定压力,本设备将激活BM中的脱扣机制,从而导致阀门被切断。

If these fluctuations reach the set pressure of the BMS, the device will activate the tripping mechanism in the BM and cause the valve to slam shut.

【例2】第二级是动力机构,一旦第一级脱扣,关闭弹簧会推动阀塞完成切断动作,并保持关闭状态,直到切断阀被手动复位。

The second stage is the power stage and once tripped by the first stage, the closing spring causes the valve plug to slam shut and to remain closed until the valve is manually reset.

【例3】切断阀受到物理损坏后,可能会导致BM脱离主阀,并因气体逸出而导致人身伤害和财产损失。

Physical damage to the slam-shut valve could break the BM off the main valve, causing personal injury and property damage due to escaping gas.

【例4】重新锁上之后,移动手柄使其离开第二级机制以释放轴,从而避免在转动手柄时由于发生脱扣而造成损坏。

After relatching, move the handle away from the second stage releasing the shaft to avoid damage if tripping occurs while turning the handle.

3) 充分利用视觉资料,读懂产品信息

视觉资料在设备操作类的产品说明书中很常见,有利于读者看懂技术性资料或比较复杂的程序,翻译时将视觉资料融入文本中,读懂产品信息后译成相应的解释。

总而言之,翻译产品说明书要学会换位思考。译文不仅要充分传达原产品说明书信息,还要满足译文产品说明书的客户需要。林克难教授于2003年提出的"看易写"翻译原则适合指导产品说明书的翻译。首先,要多"看",看中英文各种说明书,了解其文体特征和语言表达特点,积累术语和专业知识。然后在翻译过程中,进行"易",换种语言表达,学习两种语言中的习惯表达法,根据译文读者的需要和期待进行相应的转换。

最后，用目的语书“写”，即译写。用目标语读者能看懂的语言去重组原文的信息，呈现给目标语读者，达到宣传、介绍产品的效果。

6. 项目反思

项目提交之后，项目经理还须就工作展开总结，及时对项目进行成本核算和质量评估。团队成员应在项目经理的带领下，对项目中遇到的问题和解决方案及时进行归纳和总结，为日后的项目提供参考。另外，项目经理还应对所有翻译文件进行备份以供日后使用。

1）优点

本项目凸显了沟通的重要性，可以系统性地了解到说明书翻译的整个流程环节以及参与人员的角色。整个团队分工明确，各司其职，相互协助，体现了团队的效率。译前工作越充分，流程就会越流畅，质量控制和风险控制才会越得心应手。项目经理贯穿于整个项目。

2）缺点

首先，本项目存在沟通不充分的问题，对于需求的理解一知半解，如图 3. 10 所示。

Files Included for the Project and How to Handle Them

The following file types are included in the zip file for this project. If a file type is not in this list, you can disregard it:

- ToTranslator.zip: This zipped file contains all the files that should be translated for the user manuals. It contains these file types:
  - XML files: These are the manual source files.
  - SVG files: These are xml graphics. Translate all <text> and <tspan> elements.
  - Entity (.ent) files: Translate the values in the following entities:
    - ~~MapDocumentType~~
    - MapMainBookTitle
    - MapBookSubtitle
- PDF of untranslated English user manual: These files are for reference only.
- Colorized version of the manual being translated
  - Blue text is new content to be translated
  - Purple text is new content to be translated in parentheses

Tags Requiring Special Translation in the XML Files

- **Translate these tags in parentheses** (English text followed by translation in parentheses).
  - <uicontrol>: The user interface control element is used to markup names of software buttons, entry fields, menu items, or other objects that allow the user to control the unit through a software interface. This tag includes text that appears on the digital display of a front panel if the output text is indicating a soft key that can be pressed.
  - <systemoutput>: The system output element is used to mark up the output that the computer provides, such as command responses, output into a log file, or output onto a front panel display.
  - **Note:** If the translation of the tag contents and the translation are the same, do not translate.
  - **Example**: **<uicontrol>English text</uicontrol>** becomes **<uicontrol>English text (translated text)</uicontrol>**

- **Do *not* translate** the following tags in the XML files:

<unittxt>	<errcode>
<signal>	<cmdname>
<draft-comment>	<pubname>
<term>	All tags where @audience="aeonly"
<codeph>	All tags where @audience="comments"
<varname>	All tags where @audience="reviewer"
<option>	All tags where @translate="no"
<vrm>	All tags that contain a <conref> attribute
<parmname>	

图 3. 10　翻译项目特别说明

面对如此复杂的项目需求,项目经理必须落实每一个细节,确保翻译和审核人员完全理解项目要求。在解读项目要求的同时,要注意转化为执行和验收项目的规则,这直接体现在质量上。对页码变量、非译元素、链接、索引需要格外注意,因为这直接影响说明书的质量。

其次,项目沟通的规范性有待提升,比如沟通邮件的格式、内容等。沟通的效率往往取决于沟通的内容,需要将沟通的点描述清楚,让客户或项目经理能够直接理解要表达的疑问。为做到这一点,需要注意东西方思维转化。

最后,翻译和校审人员的专业知识匮乏。说明书翻译具有专业性,产品的功能、原理、特性、操作等对翻译和校审人员提出了较高的要求。如何积累专业知识、学习专业知识、成为专业翻译,应该是每一位翻译和校审人员需要深思之处。

本项目拓展题

个人思考题

(1) 产品说明书的翻译与其他应用文体翻译有什么不同?突出的特点是什么?

(2) 试着为自己熟悉的产品写个中文使用说明书,从用户的角度出发,思考撰写说明书要特别注意的要素。

(3) 产品说明书特别强调要用清楚、通俗易懂的语言传递产品信息。请根据技术写作原则,从方便译员翻译的角度,写一篇英文说明书。

(4) 产品说明书中的视觉资料(如图片和图表)是其文本的一大特色。请问如何处理这些视觉资料中的文字翻译?谈谈翻译技术对产品说明书翻译的帮助。

小组合作题

(1) 每人收集一种类型的产品说明书,仔细阅读其内容,归纳中英文说明书的文体特征,对比其差异,进行小组课堂汇报。

(2) 每人收集一个汉语和外语对照的双语说明书,做成双语平行语料库,提取术语,做成专门术语库。

(3) 利用双语平行语料库,翻译下框中的化妆品产品说明书(注意:图片上的文案也要翻译),并写出译者注,解释如何应用语料库提高翻译质量。

> 超声波三大效应,归纳起来有两大美容功效:深层清洁导入、加速新陈代谢。声波洁面仪、超声波离子美容仪便是该技术的美丽化身。

1. 声波洁面仪

按照超声波的严格定义(频率高于 2 万赫兹),目前市面上并不存在一款真正意义上的「超声波洁面仪」。这倒不是因为技术受限,而是出于安全考虑。

如上所述,超声波遇水会发生空化作用,瞬间产生的微激波具有强劲清洁力。对娇嫩的面部肌肤来说,过强的清洁力并非好事。理性的做法是,**根据皮肤天然弹性区间设定合适的振动频率。**

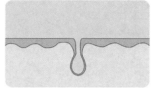

250次/秒声波微振,清洁皮肤,温和去除深层污垢

图 3.11　部分化妆品说明书一

COSBEAUTY 声波洁面仪,独创 125 赫兹安全频率,每秒生成 250 次微震按摩,搭配 0.055 mm(女性毛孔直径为 0.2 mm)杜邦亲肤刷毛,融合智能分区清洁技术,**能温和去除深层污垢,有效改善痘肌,消除水肿,提亮肤色,而不拉扯肌肤。**

2. 超声波美容仪

超声波美容仪集中运用「机械效应」和「温热效应」,通过「内按摩」和「内生热」相互作用,达到深层清洁、恢复肌肤活力的效果。

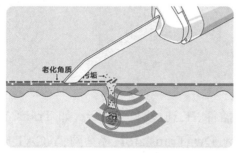

振频能深入皮下组织 3~5mm,使细胞分子每秒振动220万次,有效去除深层污垢

图 3.12　部分化妆品说明书二

COSBEAUTY 超声波离子美容仪,振频能深入皮下组织 3～5 mm,使细胞分子每秒振动 220 万次,有效去除深层污垢,增强细胞通透性。搭配负离子导入和微电流脉冲技术,能高效导入护肤精华,唤醒细胞活力,重塑肌肤弹性。

扫描二维码查看答案

第4章　建筑工程图纸翻译项目

导语

建筑工程图纸翻译项目有三个特点：

（1）翻译量大，必须使用 AutoCAD 处理，技术性较强。

（2）翻译难度与翻译的内容关系不大，只要按照相应步骤使用适当的工具，就可以完成 CAD 图纸翻译项目。

（3）图形较多，其中有许多断句或断字等影响翻译的因素，需要事先进行技术处理。

教学建议

（1）课前让同学们了解相关插件、工具、软件或平台，如 Trans. VLX、TransTools for AutoCAD、DwgTextTranslator、DwgTranslator、译马网、YiCAT 或其他工具。

（2）AutoCAD 是一种计算机辅助设计（CAD）软件，建筑师、工程师和建筑专业人员可依靠它来创建精确的二维和三维图形。课前让同学们去网站下载 AutoCAD 免费试用版（https://www.autodesk.com.cn/products/autocad/free-trial），熟悉该软件的功能。

（3）加强对 CAD 软件的使用和掌握，以便解决在实际翻译项目中出现的任何可能涉及 CAD 软件的问题。

翻译概要

（1）以译文替代图纸上的原文，不能改变图形。

（2）通过事先准备好的翻译技术工具完成翻译任务。

（3）两天之内翻译 788 个 dwg 文件，一共 469,021 单词（不含纯数字）。

（4）遵循图纸的翻译流程设置。

翻译项目内容选摘

CAD 图纸全图

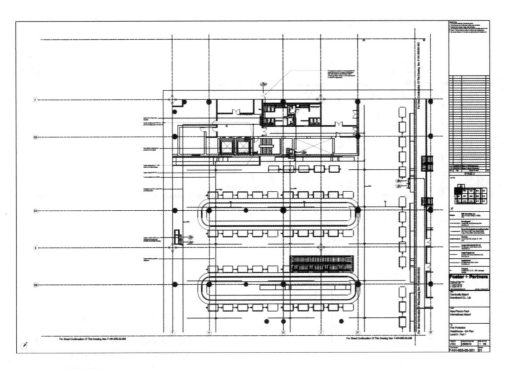

CAD 图纸局部 1

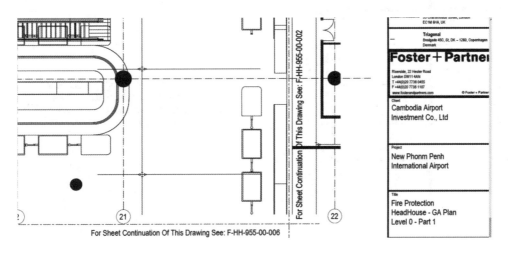

CAD 图纸局部 2

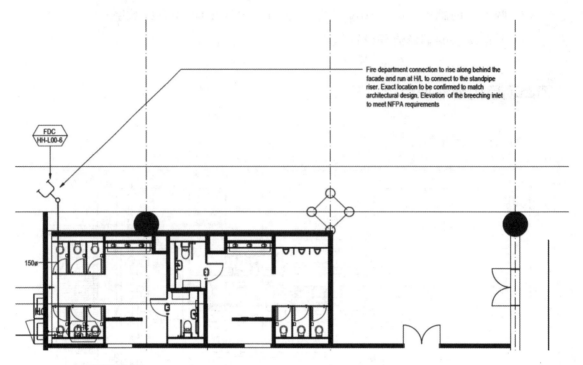

CAD 图纸局部 3

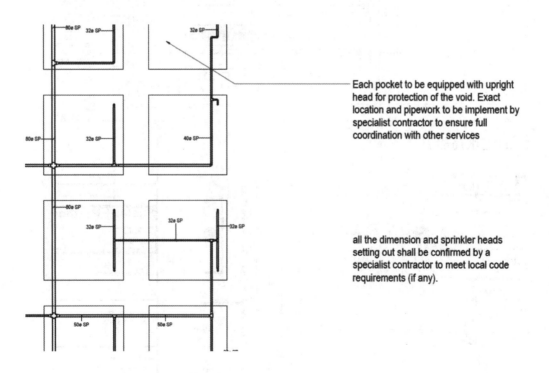

CAD 图纸局部 4

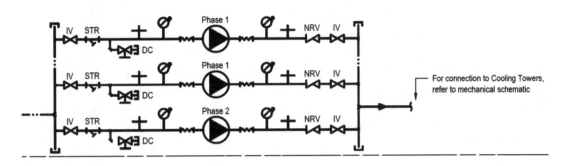

CAD 图纸翻译项目报告

本翻译项目示例与翻译的专业内容关系不大，主要以 dwg 格式文件的翻译流程进行示范讲解：从基本的译前处理直到最后的译后调整流程，以及可能遇到的问题和使用的工具。

1. 项目分析

客户有批 CAD 图纸项目要进行翻译（英译中），共 788 个 dwg 文件，469,021 个单词（不含纯数字），如图 4.1 所示，两天交稿。如果按照传统方式，直接将 788 个 dwg 文件平均分给五六十名译员，每名译者翻译一二十张图纸，理论上两天也可以完成翻译，但是项目风险非常大。大部分译者不太擅长排版工作，所以要同时找到五六十名精通 AutoCAD 的专业译者，可能性很低。即便能找到几十名会使用 AutoCAD 的专业译者，每个人对软件的掌握水平各不相同，操作的手法也不一样，在翻译过程中极有可能破坏 dwg 的文件版本、格式、设置、属性、块、文字等。

本项目有以下三大难点：

（1）手工翻译难：图纸翻译项目量大，技术性强，无法通过传统的人工翻译完成，必须借助 AutoCAD 软件。因此，译员要会熟练操作 AutoCAD 软件。

（2）术语统一难：图纸项目重复率都比较大（低者 50%，高者可达 95% 以上），这么多单词和术语在翻译的过程中很难统一。即使想通过后期审校统一，也是一项不可能完成的任务。

（3）任务重、时间紧：近千张图纸，近 50 万词英文（约合 70～80 万中文译文），需两天交稿。

鉴于以上问题，必须采用各种先进的技术工具或软件、插件，遵循译前、译中、译后

E-HH-645-00-014.dwg	E-HH-645-02-011.dwg	E-HH-649-B1-002.dwg	E-HH-685-01
E-HH-645-0M-003.dwg	E-HH-645-02-012.dwg	E-HH-649-B1-003.dwg	E-HH-685-01
E-HH-645-0M-008.dwg	E-HH-645-02-013.dwg	E-HH-649-B1-004.dwg	E-HH-685-01
E-HH-645-0M-013.dwg	E-HH-645-02-014.dwg	E-HH-659-02-001.dwg	E-HH-685-01
E-HH-645-01-001.dwg	E-HH-645-02-016.dwg	E-HH-659-xx-002.dwg	E-HH-685-1M
E-HH-645-01-002.dwg	E-HH-645-03-001.dwg	E-HH-685-00-001.dwg	E-HH-685-1M
E-HH-645-01-006.dwg	E-HH-645-03-002.dwg	E-HH-685-00-002.dwg	E-HH-685-02
E-HH-645-01-007.dwg	E-HH-645-03-003.dwg	E-HH-685-00-003.dwg	E-HH-685-02
E-HH-645-01-011.dwg	E-HH-645-03-011.dwg	E-HH-685-00-004.dwg	E-HH-685-02
E-HH-645-01-012.dwg	E-HH-645-03-012.dwg	E-HH-685-00-006.dwg	E-HH-685-02
E-HH-645-01-016.dwg	E-HH-645-03-013.dwg	E-HH-685-00-007.dwg	E-HH-685-02
E-HH-645-1M-003.dwg	E-HH-645-B1-001.dwg	E-HH-685-00-008.dwg	E-HH-685-02
E-HH-645-1M-008.dwg	E-HH-645-B1-002.dwg	E-HH-685-00-009.dwg	E-HH-685-02
E-HH-645-1M-013.dwg	E-HH-645-B1-003.dwg	E-HH-685-00-011.dwg	E-HH-685-02
E-HH-645-02-001.dwg	E-HH-645-B1-006.dwg	E-HH-685-00-012.dwg	E-HH-685-02
E-HH-645-02-002.dwg	E-HH-645-B1-007.dwg	E-HH-685-00-013.dwg	E-HH-685-02
E-HH-645-02-003.dwg	E-HH-645-B1-008.dwg	E-HH-685-00-014.dwg	E-HH-685-02
E-HH-645-02-004.dwg	E-HH-645-B1-011.dwg	E-HH-685-0M-003.dwg	E-HH-685-02
E-HH-645-02-006.dwg	E-HH-645-B1-012.dwg	E-HH-685-0M-008.dwg	E-HH-685-02
E-HH-645-02-007.dwg	E-HH-645-B1-013.dwg	E-HH-685-01-001.dwg	E-HH-685-03
E-HH-645-02-008.dwg	E-HH-649-01-001.dwg	E-HH-685-01-002.dwg	E-HH-685-03
E-HH-645-02-009.dwg	E-HH-649-B1-001.dwg	E-HH-685-01-006.dwg	E-HH-685-03

图 4.1　dwg 文件

这三大基本流程,才能顺利完成本图纸项目的翻译任务。

2. 操作流程

本图纸翻译项目任务重、时间紧、文件多、工作量大,因此,必须采取统一管理、集中处理的模式,即 DTP 排版由专业排版员负责,排重后的文本由翻译团队专门负责,项目经理负责整个项目的统筹协调以及相关的技术工程处理。

尽管本项目属于非常规的图纸翻译,但脱离其外在的形式,仍可遵循基本的译前、译中、译后这三大基本流程进行处理。

1) 译前 DTP 检查

文件为标准 AutoCAD 文件(＊.dwg),但文件中有许多断句或断字,需要专业排版员对断句、断字进行接合,以及检查修正其他可能影响翻译的地方(如属性、块、文字、图层、图签等)。

图 4.2 所示的三个红框内的文字本应该是完整的一句或一段话,却被分离成一个

个的碎词或片断句,这会大大影响后边的翻译,因为不完整的碎片是无法翻译的。因此,在下一步提取文字之前必须对文字进行合并或接合。

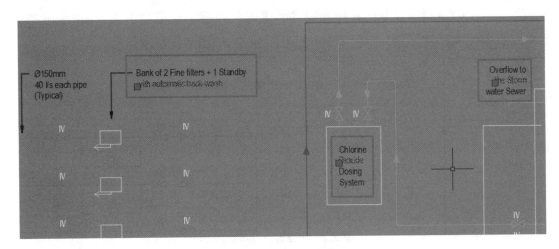

图 4.2 文字割裂现象

方法:选中需要合并的文句,在 AutoCAD 命令窗口输入"TXT2MTXT"命令(将单行文字变为多行文字,即合并文字),然后按空格键或回车键,即可将断句进行合并,如图 4.3 所示。

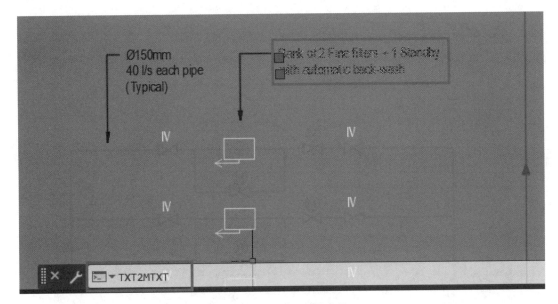

图 4.3 割裂文字的合并

利用窗口放大、缩小显示或窗口移动检查整个图形(包括模型和布局图框),对图中断字、断句进行接合和调整。操作过程中,注意文件中的图层、块、属性、公式、参数、标注等,尽量不要改动原图纸设计,只针对影响翻译的元素进行修正或修改。检查完毕后,保存退出。

关于 ∗.dwg 版本,可根据软件或插件要求进行设置。一般情况下,如果没有特殊要求或版本要求,可保存为 2007、2010 或 2013 版本,如图 4.4 所示。

```
AutoCAD 2018 图形 (*.dwg)
AutoCAD 2013/LT2013 图形 (*.dwg)
AutoCAD 2010/LT2010 图形 (*.dwg)
AutoCAD 2007/LT2007 图形 (*.dwg)
AutoCAD 2004/LT2004 图形 (*.dwg)
AutoCAD 2000/LT2000 图形 (*.dwg)
AutoCAD R14/LT98/LT97 图形 (*.dwg)
AutoCAD 图形标准 (*.dws)
AutoCAD 图形样板 (*.dwt)
AutoCAD 2018 DXF (*.dxf)
AutoCAD 2013/LT2013 DXF (*.dxf)
AutoCAD 2010/LT2010 DXF (*.dxf)
AutoCAD 2007/LT2007 DXF (*.dxf)
AutoCAD 2004/LT2004 DXF (*.dxf)
AutoCAD 2000/LT2000 DXF (*.dxf)
AutoCAD R12/LT2 DXF (*.dxf)
```

图 4.4　不同版本文件显示

由于文件多、时间紧,排版员也是分批检查,以保证项目按批次处理和提交。

2) CAD 文字提取

本项目示例演示采用 DwgTranslator(试用版导出功能不受限制,写入功能仅限一张图)。

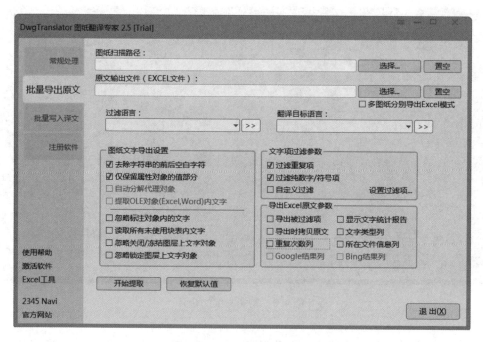

图 4.5　DwgTranslator 界面

　　首先,点击"图纸扫描路径"右侧的"选择"按钮,定位和选择图纸所在文件夹。然后,点击"原文输出文件"右侧的"选择"按钮,在当前文件夹指定或命名一个 Excel 文件名,如"CAD 图纸文本 . xlsx"。

　　文字项过滤器参数设置,可以勾选"过滤重复项""过滤纯数字/符号项"。其他设置可以根据需要勾选。设置完成后,点击"开始提取"按钮,程序开始提取图纸文本(见图4.6 和图 4.7)。

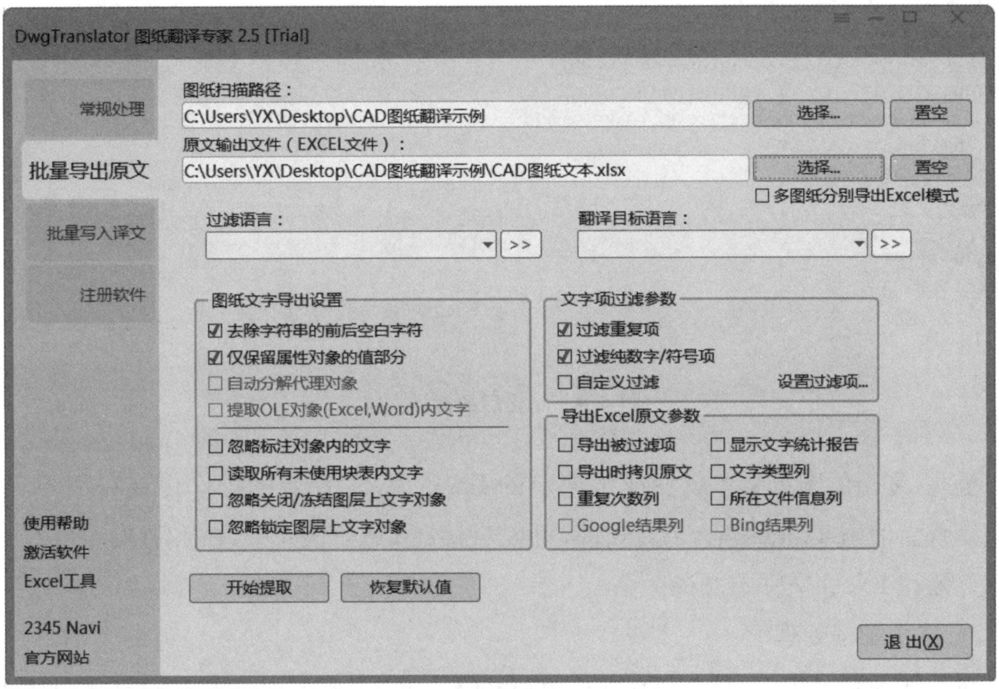

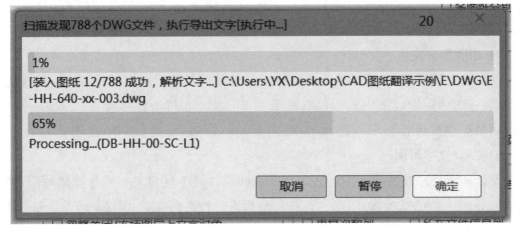

图 4.6　提取图纸文字界面

图 4.7　保存已提取的文字

文本提取完成后,会生成一个 Excel 文件,翻译时只需将译文放入译文相应单元格即可(见图 4.8)。

原文（禁止修改）	译文
General Notes	
Do not scale drawings. Dimensions govern.	
All dimensions are in millimetres unless noted otherwise.	
All levels are in metres unless noted otherwise.	
All dimensions shall be verified on site before proceeding with the work.	
Foster + Partners shall be notified in writing of any discrepancies.	
Any areas indicated on this sheet are approximate and indicative only.	
Stage 3 100% Submission	
STAGE 3	
Chk	
Reason For Issue	
Date	
Rev.	
Key Plan.	

图 4.8　简化后的翻译文字

至此,复杂的图纸文本就变成了简单的 Excel 文本,译者的操作也变得简单无比。如果译者会使用 Trados 等 CAT 软件,可以直接在 CAT 软件中进行翻译。如果不会,可以直接在 Excel 文件中翻译。

3）技术工程处理

为了保证翻译统一,利用 Trados、memoQ 等 CAT 软件对文本进行技术排重或工程处理,导出需要翻译的文本,分配给译者进行翻译或审校(见图 4.9)。本项目全部字数为 469,021 个单词(不包括纯数字),实际只需翻译 20,988 个单词(约占总字数的 5%),这样就大大减轻了翻译和审校的工作量。

4）翻译和审校

接收到上述翻译文本后,翻译团队利用某翻译平台进行协作翻译,共享 TM(翻译记忆)和 TB(术语库),及时返回译稿(见图 4.10),力求保持语言文风统一、术语一致。

项目经理再利用 Trados 或 memoQ 对 Excel 文件进行技术回填(见图 4.11)。

5）CAD 文字写回

翻译和审校完成后,再利用 CAD 文字写回插件或工具对文本进行批量写回,然后生成或导出译文 CAD。导出译文后,排版员再进行检查和校对,确保翻译质量和图纸文

注意事项：

1、单位不翻译，用英文单位

2、不需要翻译的缩写类直接复制或留空

3、有问题的句子打黄色，但也要翻译出来

4、不清楚上下文的请参考 pdf

5、尽量"顺译"，不要随便倒置翻译，因为里面还有好多断句，如果随便翻译，到时拼起来的译文会驴唇不对马嘴

- 1 Duty Electric	
- 1 Standby Electric	
- Duty Electric	
- Half Duty Electric	
- Half Standby Electric	
- Jockey Pump	
- Maximum distance between Fire Hydrants shall not exceed 152m.	
- Not less than 12m and not more than 122m from the building to be protected;	
- Not less than 12m and not more than 122m from the building to be protected.	
- Not more than 3.7m from Fire Department Access Road;	
- Standby Electric	
(exterior)	
(integral)	
(interior)	
(on 5m tall masts)	

图 4.9 翻译要求和待翻译内容

- 1 Duty Electric	-1 工作电力
- 1 Standby Electric	-1 备用电力
- Duty Electric	-工作电力
- Half Duty Electric	-半工作电力
- Half Standby Electric	-半备用电力
- Jockey Pump	-管道补压泵
- Maximum distance between Fire Hydrants shall not exceed 152m.	-消防栓之间最大距离不得超过 152m。
- Not less than 12m and not more than 122m from the building to be protected;	-距离被保护的建筑物不小于 12m，且不超过 122m。
- Not less than 12m and not more than 122m from the building to be protected.	-距离被保护的建筑物不小于 12m，且不超过 122m。
- Not more than 3.7m from Fire Department Access Road;	-距离消防部门通道不超过 3.7m。
- Standby Electric	-备用电力
(exterior)	（外部）
(integral)	（内置）
(interior)	（内部）
(on 5m tall masts)	（位于 5m 高的杆上）

图 4.10 返回的译文

	A	B
1	原文（禁止修改）	译文
2	General Notes	一般性说明
3	Do not scale drawings. Dimensions govern.	请勿缩放图纸。尺寸管理
4	All dimensions are in millimetres unless noted otherwise.	除非另有说明，否则所有尺寸单位为毫米。
5	All levels are in metres unless noted otherwise.	除非另有说明，否则所有水平以米为单位。
6	All dimensions shall be verified on site before proceeding with the work.	在继续执行工程前，应在现场核实所有尺寸。
7	Foster + Partners shall be notified in writing of any discrepancies.	如有任何差异，应书面通知福斯特及合伙人事务所。
8	Any areas indicated on this sheet are approximate and indicative only.	本表中所示所有面积均为近似值，仅供参考。
9	Stage 3 100% Submission	第3阶段100%提交
10	STAGE 3	第三阶段
11	Chk	校核
12	Reason For Issue	发布原因
13	Date	日期
14	Rev.	版次
15	Key Plan.	主要平面图

图 4.11 利用 Trados 或 memoQ 对 Excel 文件进行技术回填

件的正确、完整。本项目示例演示仍采用 DwgTranslator（试用版写入功能每次仅限一张图），如图 4.12 所示。

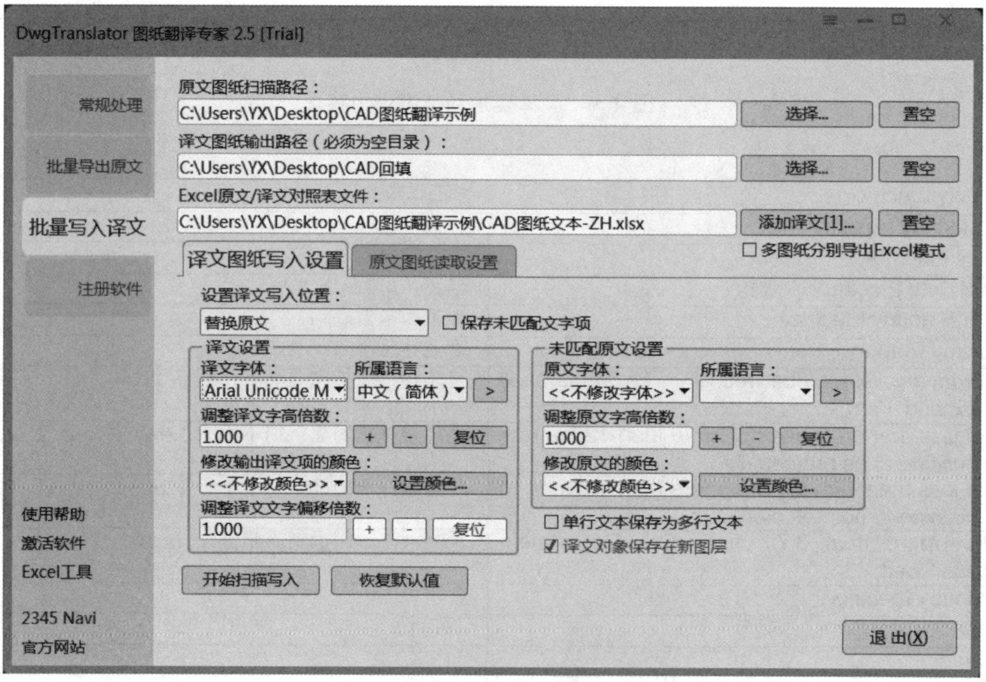

图 4.12 文本批量写回

首先，点击"原文图纸扫描路径"右侧的"选择"按钮，定位和选择原文图纸所在文件夹。然后点击"添加译文"按钮，定位和添加翻译好的 Excel 文件"CAD 图纸文本-ZH.xlsx"。再点击"译文图纸输出路径"右侧的"选择"按钮，选择一个存放译文图纸的空文件夹(注：文件夹必须为空)。

　　关于其他写入设置可以根据具体情况或要求进行设置，如写入位置可以选择替换原文或对照格式，字体可以设置兼容字体，字高可根据翻译情况设置比例系数(本项目是英译中，比例可以不变)，颜色、偏移倍数、多行文本等也可自行设置。

　　设置完成后，点击"开始扫描写入"按钮，程序开始回填图纸文本(见图 4.13)。

图 4.13　回填图纸文本

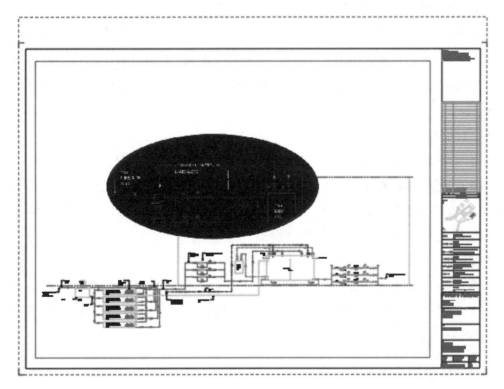

图 4.14　完成翻译后的图纸

6）译后调整及 PDF 打印

图纸文字批量写回后，打包发送排版员，进行译后检查和调整，对叠字、压字、超出边界、错行、移位等情况进行修正和保存。遇到显示不符合场景的译文，要进行统一查找和替换，并更新 TM。如果客户要求同时提交 PDF 版本，再按照客户要求对图纸进行PDF 出图或打印。PDF 打印可以单张打印，也可以批量打印，一般是利用工具插件进行批量打印。

3. 项目总结

1）专业化

本项目遵循"专业的人做专业的事"原则，将各环节的细分任务分配给专业对口的人员去做，大大提高了工作效率和完成质量。例如，CAD 文件的排版和译前调整全部由专业 CAD 排版员处理，翻译和审校由专业的翻译团队进行，技术工程人员负责整个项目的工程处理以及文本导出导入，项目经理负责整个项目的统筹协调工作。

2）集中化

由于本项目任务重、时间紧，无法将文件逐一分配给译员直接翻译，因此采用了集中化、批量化操作，对整个项目文件进行集中排版、集中提取文本、集中进行工程处理和排重、批量导出和回填图纸，大大减轻了各个环节的工作量。尤其是翻译和审校，由469,021 个单词（不包括纯数字）压缩至 20,988 个单词，为保证整个项目顺利提交客户发挥了重要作用。同时，因为采用集中化管理，整个项目的风险也可以统一把控，将风险降至最低。

3）自动化

由于文字量大、文件多，不可能采取逐个文件或单个文件提取或回填的方法。操作过程中充分利用 AutoCAD 插件工具和 CAT 翻译工具的优势功能以及完善的项目管理流程，对文件问题类型进行归类和模板化、自动化操作，大大减轻了文本回填和图纸译后调整的工作量，保障了项目的顺利提交。

4）流程化

标准完善的项目流程如图 4.15 所示。尽管翻译项目基本流程都包括译前、译中、译后三大步骤，但不同的文件或项目毕竟有其独特性，因此需要相对应的细分流程和方法，才能顺利完成项目。

4. CAD 常用命令

一些 AutoCAD 高手在操作中会用到大量的快捷键（见表 4.1），使操作变得简单、

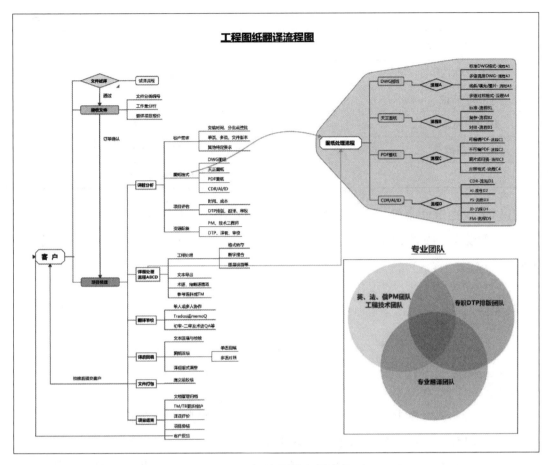

图 4.15　工程图纸翻译流程

快速、方便。以下列举部分与翻译或文字操作相关的快捷键命令。更多快捷键命令请查询相关 AutoCAD 书籍或网上文章。

表 4.1　AutoCAD 快捷键

命　　令	说　　明
CO＋空格键＋基点	基点复制
Ctrl＋C	复制
Ctrl＋V	粘贴
E＋空格键	删除对象或文字
L＋空格键	画直线
M＋空格键	移动对象或文字
MA＋空格键	格式刷

续　表

命　　令	说　　明
RO＋空格键	旋转对象或文字
SC＋空格键	比例缩放
T＋空格键	建立多行文字框
X＋空格键	分解或炸开对象和文字
F8	打开或关闭正交功能

除以上快捷键命令外,译者在操作 AutoCAD 中还需掌握图层设置、块编辑、文字设置、段落设置、特性设置、打印设置、图元设置等基本内容。更多内容请参考 AutoCAD 相关书籍。

本项目拓展题

思考讨论题

(1) 如果本项目要求提交双语对照版(实际要求),请问如何操作?

(2) 如何对本项目文件进行批量打印 PDF?

(3) 如果 CAD 图纸为中译外,如何快速调整文字字高(即大小)以适应版面或空间?

(4) 请问常用的 AutoCAD 插件或工具箱都有哪些? 请网络查询并下载。

小组合作题

任务:针对一批建筑工程图纸设计翻译项目解决方案,并进行翻译。

第 5 章　字幕翻译项目

导语

字幕翻译项目有两个特点：

（1）视频的语言比较口语化，专业性较强，需要先听写，再配合画面翻译。

（2）需要相关软件处理切轴，字幕要求画面和语音同步。

教学建议

（1）组织同学们进行头脑风暴，结合自己看过的字幕翻译，概述字幕翻译的特点和要求。

（2）建议同学们去搜索以下字幕制作名词，给出相应的解释：字幕、流媒体、字幕流、视频流、音频流、硬字幕、软字幕、外挂字幕、SRT 格式、SSA 格式、ASS 格式。

（3）建议同学们提前观看电影《功夫熊猫》或《花木兰》，总结其中译得好的字幕，尤其注意捕捉声音和画面同步的镜头。

（4）带领同学们观看视频，然后进行小组分工：一组听写原文，一组翻译，一组提供技术支持。去网上寻找切分时间轴的工具，给全班同学培训如何制作字幕。

翻译概要

（1）用于服务客户的 66 个视频文件，需要制作成英中双语字幕。

（2）每行中文字数不超过 25 个，英文不超过 2 行，尽可能减少字数，增加时间轴频率，同时还要尽量保证句子的完整，避免将句子切太碎。

（3）两周时间交稿。

（4）译文流畅无语病，能够满足视频学习者的需要。

（5）接稿后按时交稿，不得出现脱稿、弃稿现象。

（6）翻译团队须对文本进行试译，通过后方可接稿。

（7）容错率（见表 5.1）。

表 5.1　容错率表

容　错　率		
一般性错误 （容错率：1/2,000）	较严重错误 （容错率：1/3,000）	严重性错误 （容错率：1/10,000）
标点符号使用不当	重要单词拼写错误	重要数据、数字错译
单词拼写、措辞前后不一	专业术语使用不当	整句或整段漏译
非关键词错译	数字填写错误	重要单词漏译或错译
习惯用法不当	非重要语句因理解不当而误译	重要语句因理解不当而错译
排版错误	语法错误	专业术语未能按照客户提供的词库表翻译而错译

翻译项目内容选摘

请看视频，先听写原文，进行时间轴切分，然后翻译。

纪录片视频项目报告

1. 背景

影视翻译或者说视听翻译（audiovisual translation）往往受限于其所处媒介的特殊性，无法通过传统的手段进行处理。这也就意味着译者需要采取更具有针对性的翻译策略及方法，需要一种全新的翻译框架。字幕翻译（subtitling）作为一种完全针对视听材料进行的翻译形式就成了绝佳之选。所谓的"字幕翻译"，根据豪尔赫·迪亚兹-辛塔斯（Jorge Diaz-Cintas）的定义，指的是一种"翻译实践"，需要"在屏幕的下方呈现书面文本""重述说话者的原始对话""呈现图像中出现的话语元素"以及"音轨当中的信息"

(Diaz-Cintas,2014:8－9)。简而言之,所谓的字幕翻译是对视频内容的文本、声音以及画面进行综合处理,完成信息的转化,以目的语形式呈现给观众以体验视听。亨里克·戈特利布(Henrik Gottlieb)强调,字幕翻译不仅仅是语言上的转换,而且有形式的要求且实时动态,故而字幕翻译者要有口译员的听辨能力、文学翻译者的风格敏感度、影视剪辑者的视觉敏锐力以及书籍编辑的美学意识(Gottlieb,1994:101)。因此字幕翻译的实践需要多种技能的共同协调,进而带来可观可感的成果体验。

然而,正因为有这样多种能力的要求、多种元素的参与,字幕翻译根据不同的场景、内容往往在实践过程当中会相差甚大,其处理应对充满了灵活性。在"一带一路"大背景下,视频类内容逐步成为中国企业"走出去"以及"引进来"的一大载体。随之衍生的是视频类文件的翻译需求。视频类交流形式主要包括电影、电视剧、视频形式的文娱节目、科教片、纪录片等。时至今日,商业领域也出现越来越多的以视频为媒体的需求,例如企业相关的宣传片、产品介绍视频等。视频类项目处理日渐成熟,具有大体相同的项目操作步骤与技能要求,但不同的视频类型、不同的受众又决定了不同的项目应对方式。本章选用上海译国译民翻译服务有限公司某纪录片翻译项目(以下称为"该项目")作为视频类项目翻译的一个案例,阐述典型视频类翻译项目的项目操作方式与注意事项。

2. 项目分析与项目难点

视频类文件在翻译时普遍须关注字幕长短问题,确保字幕内容能够在屏幕的大小之内,保证视频观看的舒适度以及视频信息的完整传达。一般屏幕上每次只显示一行单语字幕或者两行并列的双语字幕。目前行业内虽未对字符数做出明确的规定,但基于上海译国译民公司长期的视频项目经验总结规定,每行字幕一般只允许出现 18 个中文字符,60 个左右的英文字符,具体根据视频的情况进行调整。空间与时间的限制是视频类文件翻译要解决的基本问题。

该项目客户提供".mp4"格式黑白影片,无脚本,要求为影片加上中英双语字幕,并压制成片。该影片纪录二战时期东京审判历史事件,是对战犯进行审判的珍贵影视资料,项目完成后将用于档案馆,具有重大的历史价值与历史意义。项目过程各环节须注意反复查证历史,保证所翻译内容与史实相符合,并确保翻译的严谨性与准确性。因影片年代久远,音质较差,拍摄效果欠佳,且影片中穿插多语种,听录难度较大,在项目方案上需重点攻克该难点。

为提供成片影片,项目工作涵盖英文字幕听写、英文内容翻译成中文、时间轴制作。完整项目总计 66 个视频文件,合计约 800 分钟。每个视频长度均在 10～20 分钟。项目从 2019 年 12 月下旬启动,持续至 2020 年 1 月中旬,项目周期约两周,每周须完成的翻译量在 400 分钟左右。但是因为影片音质和影片涉及的多国人员背景,给听录带来非常大的挑战。结合实际项目翻译难度,10 分钟的完整双语字幕的制作时间平均约为 4 小时。项目时间较为紧张,与客户商定采取分批交付—分批验收的方式。整体上,该项目具有时间紧、难度大、任务重的特点。

示例视频来源于东京审判中一段历史记录影像,发生在审判的开庭期间,其中最主要的部分是控方与审方代表就日本战犯审讯方式产生了分歧,控方代表之一的坎宁安先生同法官进行辩驳,进而展开的对话。影片全部时长为 11 分钟 11 秒,大部分对话以英文形式进行。由于东京审判的时代特殊性,项目影片中包含了大量外语内容,主要是当时陪同的各国译员对主要发言人所说内容的口译输出。除此之外,由于视频历史较久,项目素材整体音质较为模糊,且由于剪辑原因,部分对话内容并不完整,多以碎片化的形式呈现当时审判全貌。

结合上述项目背景情况,项目启动前,由上述项目分析简要提炼出项目要求,如表 5.2 所示。

表 5.2　项目要求分析

项目说明书	
方　　面	内　　容
项目类型	纪录片视频翻译
文件总时长	66 个视频,800 分钟
项目周期	约 2 周
交付格式	提交 mp4 格式的成片视频,制作中英双语字幕,要求中文在上,英文在下
文件用途	供档案馆使用,可用于展览播放
质量要点	历史类纪录片,涉及二战时期历史,须注意翻译的准确性,翻译前针对历史背景进行查证
	法庭审判,注意语言表达的严谨性,符合法庭场景
	确保术语与史实相统一、该系列纪录片之间相统一
项目难点	视频年代久远,音质比较差,听录难度大

3. 项目解决方案

基于以上分析,本次项目在实际流程安排上遵循了先后主次的要领,进行了如下规划:首先是译前处理,基于视频进行听录,实现基本文本素材的确定;随后,对文本进行切分,根据实时性的要求及字数上限,对原素材进行加工处理,借助字幕翻译软件对时间轴进行划分,以字幕轴形式呈现在文本当中,进而获取加工后的可译文本;接着,根据文本特点,确定翻译风格,譬如对话上的衔接、特定术语的查证以及措辞的严谨统一,通过对这些内容的强调,在译前为译员设立好相应的风格参照;继而,正式进入翻译过程,译中环节开始,在此期间各个译员需要使用 YiCAT 平台,通过分工合作,完成规定任务内的翻译;接着,导出翻译文本,重新导入字幕软件当中,对字幕进行后期处理,在样式上进行重新调整;最后,将已完成调整的字幕文件通过压制软件进行处理,和视频进行嵌套,以保证字幕能够在视频播放过程中体现。

表 5.3　项目流程概览及时间分配

阶　　段	具　体　环　节	时间分配(天)	时间占比(%)
译前	语音文本抓取及审校修正 时间轴及断句切分 翻译规范设计及术语库建立	4 天	约 28.6%
译中	译员翻译 交叉审校 终稿提交	6 天	约 42.8%
译后	二次审校及风格统一 样式设计及字幕调整 成片压制	4 天	约 28.6%

1) 译前

a. 听录提取文本

在文本抓取方面,非常严峻的问题就是准确性和多语种。针对这样的问题,项目组从多个角度进行了处理,以保障最终成片效果。

第一,对英文部分采取了"机器抓取＋人工纠错"的校准方法。尽管在机器抓取过程当中,很多疏漏、差错会时不时地出现,但另一方面,机器抓取却也能够在有限的时间内(以本次项目为例,通过"网易见外"进行处理,整个文本的转换仅耗时 10 分钟)做到对大体内容的把握。因此,基于这一特性,项目组保留了机器抓取的内容,以此为底本进行听校处理。对于译者,在此阶段便需要对相应的选段进行播放,通过自身听力判断内容,和机器抓取的文本进行对照,对正确无误的地方进行保留,而在出现问题的地方进行修正。除此之外,因为人工相比于机器更具有思考能力,在遭遇一些难以把握的模糊内容时,也通过对前后语句的联系,揣测说话人意图,继而确定单词、词组。在很大程度上,这样一种校准模式可以很好地利用时间和现有资源,在不必耗费过多精力的情况下做到对文本的整理、修正。

第二,针对素材中大量的日语、俄语及德语,项目组采用了寻找源语使用者或专业学习者的方式进行解决。鉴于此次项目整个时长较短,且非英语内容较为零散、简短,通过母语译员以及专业语言学习者的参与,可以在耗费最小成本的情况下,将相应的文本听译出来。

第三,为保证最终质量,本项目还在最终环节采取了交叉审校的措施。由于本次项目的多语内容大多是彼此之间进行口译的输出,故而在含义上大体近似或完全一致,所以在相对模糊或是难以把握的环节,可以通过英语和非英语内容间的比对进行优势互补。譬如日语口译中清晰的地方可以帮助译员理解英文中模糊的内容,进而在最终的细节层面确保各个信息的准确呈现,或者更加宽泛地来说,保证大意准确。

b. 断句切分

有关断句、切分的问题,可以通过区分发言人或是在自然的话语停顿处进行划分,即可保证单位时间内的字符数量和实时跟进,而这样的环节事实上在文本提取过程中也间接地由机器抓取完成了,故而可以较为轻松地进行处理。但在这两类切分之外,项目组在实践过程当中还遇到了较为棘手的一类语句,即结构较长、关联性较强的复合句或复杂句。例如在加工文本当中有如下一句:

【例 1】

The tribunal appreciate that in all of the negotiations between the Japanese and the German and the evidence put on by the prosecution this is the first and only live witness that's been on the stand.

视频当中发言人的语速相对连贯,且自身停顿节奏较为随意,使得这样一个完整的句子很难找到适合的切分点进行处理。若将时间、语速以及阅读速度这样的因素纳入考量,毫无疑问,这样一长句话不可能放在同一个字幕轴上进行呈现。

面对这一问题,项目组译前工作当中采取了类似于视译的切分手段。在《英汉视译》一书中,作者指出视译的切分要保证内容是"相对独立的意义单元"(秦亚青、何群,2009:26)。这样一个切分规则在某种程度上同字幕翻译的需求形成了呼应——要求实时,要求顺势而动。因此,借助这样一个概念,在"and"所引导的内容前后进行断句分轴,又或是基于从句特性,在"the tribunal appreciate that/in all of the negotiations between the Japanese and the German"中的"that"处进行切分处理,以保证屏幕上保留合适的字数,且对切分前后的意义单元不构成割裂的影响。

面对很多类似的长难句结构,项目组多应用了视译规则,进行了较大程度的断句切割。

c. 建立术语库

除去文本的获取、审校修正以及断句切分,前期工作中的另一项重要事务便是确立翻译风格等规范要求,涉及适用于法庭严肃场合的措辞、体现对话交流的上下内容呼应,还有法律专业术语和历史文化专有词汇(如人物、地点名称)。对于前两点,很大程度上取决于译员自身的语境意识,在正式翻译过程中能动而灵活地落实。但对于后两点,仅靠译员自己选择译文难以保证准确性,譬如"cross examination"一词。如果不做到前期的统一规范,那么不同译员的处理就可能出现差异,进而增加译后编辑和整理的负担。因此,术语库的建立十分重要。就法律术语层面,项目组对专业术语库进行了搜索、筛选和导入。在国家标准层面,项目组首先在"北外语料库语言学"网站进行了检索。该网站作为国内语料库的优质平台,可以提供可靠度高且符合标准要求的学术性术语资料。通过查找,项目组在网站当中找到了题为"UTH 双语法律英语语料库"的资源,但由于内容缺失,无法下载。然后,在专业的双语性词典中进行了第二轮筛选,采用了屈文生的《法律英语核心术语》。书中对"cross examination"一词有详尽的解释以及对应的中英文参照,将其译作"交叉询问"(屈文生,2007:113 – 114)。但该书信息较多(如大量例句和中文说明),难以通过 Tmxmall 等语料库制作软件进行提取。

因此,项目组在网络平台当中,选择了名为"法律英语翻译"的网络站点,其中提供了比较简洁且对照明确的双语资源,并以此通过 Tmxmall 平台制作了最为初步的术语库。但网络上的术语库"不具权威性,缺乏系统性,需要一一甄别使用"(吴昊,2018:23),因而结合《法律英语核心术语》,通过人为的筛查校验,对一些网络术语存在疏漏的内容进行补充或删改,解决了法律层面的术语问题。而专有名词术语的翻译则是在文本听辨、切分的过程中,对相应的人名、地名或是模糊的身份代称进行了标记。这些内容零散且数量不多,通过网络信息检索以及《东京审判研究手册》等相关介绍性书籍进行了初步判断,要求译员在翻译过程中注意并调整,在必要阶段对机器辅助翻译结果进行重校。例如"Henri Bernard"是出庭的法国法官,在史料上的中文译名为"亨利·贝尔纳"。因此,字幕上的名字翻译要找到对应的历史材料所使用的名字,而非自行音译。关键术语的翻译对正确理解句子和上下文至关重要。

2) 译中问题及解决

a."译画"同步

双语字幕涉及的语言输出是多感官、多层次的,须综合考虑观众的听感、观感和理解能力,尽量协调音像、原文和译文的同步性。因此,应主要采取顺句驱动策略,确保观众在同一个画面看到的原文和译文基本同步匹配。

顺句驱动或顺译原本是汉英同声传译中的一项策略。顺译是同声传译(包括视译)中因译员翻译必须与发言人的讲话几乎同步进行的条件限制,而采用的顺句驱动(syntactic linearity)的方法(张维为,1999;万宏瑜、杨承淑,2005:73)。为了消除英汉两种语言在词序和语序上的巨大差异以达到同步要求,译员须按照所听到原文的顺序,采取断句、切分、预测、调整、移位、增补、删减等技巧,翻译出源语整体的信息。

项目组在翻译过程中,发现字幕翻译场景下观众接触到音像文本的顺序是固定的从前到后,这与同声传译中说话者表达顺序的不可逆性相当吻合,所以顺句驱动策略在字幕翻译的大多数场景中同样适用。如下例所示:

【例 2】

They cannot see that your questions are leading anywhere…
仲裁庭一致认为你问的问题没什么意义……
of no importance
都很无关紧要
in elucidating anything
什么都解释不了

在这个例子中,"of no importance in elucidating anything"本应是一个完整的意群,一般可以整体译为"对解释任何问题都没什么意义"。但在这个字幕翻译的特殊情境下,由于说话者在"of no importance"和"in elucidating anything"之间有几秒的停顿,所以在译前断句环节就拆到了两个画面,观众在观看第一个画面时,并不能预判下一个画面说话者的意图。因此,在字幕翻译时需要以顺句驱动为策略,将原文的意群拆分,让译文与拆分的原文相对应。项目组给出的译文是"都很无关紧要,什么都解释不了",这样的做法可以确保观众浏览到这个画面时,屏幕下方显示的原文和翻译基本一致。

b. 句序调整

字幕翻译有更多因素需要考量。在这一层面上来说,和同声传译相比仍有较大的灵活性。观众在观看视频时,毫无疑问会将注意力聚焦在译文字幕上,很可能不具备同时分辨和理解源语的能力。因此,字幕翻译应仍以表意准确为原则,在一些特定情况之下,"顺句驱动"的整体方案不一定行得通。翻译的时候必须根据视频场景进行适当的转译,中文跟进相应的语序进行调整,用合理的逻辑将前后内容衔接起来。在实际翻译过程中,较多语句是针对中文表达以及逻辑情况调整了语序顺序后进行翻译的。如以下例句所示:

【例 3】

But we don't reject. . . hmm. . . relevant and material evidence

但我们不会否认相关的物证

simply because it may reflect on their countries

仅因为它们对国家不利

provided that it doesn't amount to pure gratuitous insult

只要这些证据不构成对国家无端的侮辱

这段话的原文是主句在最前,后跟"because"和"provided that"引导的两个状语从句。若按照这个顺序进行顺拆式翻译,将很难进行符合汉语表达习惯的逻辑衔接,观众处理信息时思维转化难度大,很可能导致语意理解困难。因此,在这样情境下,译员就需要做出取舍,通过自己的理解判断,从翻译目的出发,尽量小范围地灵活调动语序,根据时间轴长短,使译文符合便于观众理解的表达逻辑。再如:

【例 4】

64

00:04:21,782→00:04:22,908

我们认为

Well, we think

65

00:04:22,908→00:04:24,950

交叉询问没必要①

it's useless to assist further with②

66

00:04:24,950→00:04:27,997

再针对该问题继续进行了②

the cross examination on that particular subject①

【例 5】

139

00:09:17,911→00:09:20,783

当然了时机还不成熟③

Well，now I certainly can't hope to justify④

140

00:09:20,783→00:09:22,416

我不奢望能被取证④

unless I have an opportunity③

（注：相同数字表示英中对应的内容，在实际翻译中，按照中文表达以及逻辑对语序进行调整。）

c. 句式呈现

字幕翻译必须纳入考量的另一个因素，是观众理解译文的能力是否与画面和底端字幕的播放速度相匹配。此问题在前期进行断句切分时就应得到较大程度的解决，每一个画面底端字幕应调节到合理的长度。但译前的拆分往往没有考虑到翻译实际操作是否可行，如以下例子所示：

【例 6】

This is the first and only live witness that's been on the stand.

这是第一个也是唯一一个愿意出庭作证的活人。

在翻译实践中将"first and only"翻译成"第一个也是唯一一个"是非常普遍的做法。由于书面翻译读者可以自行调节阅读速度，这个短语不进行拆分也不会带来理解困难。但在字幕翻译中，观众的观看速度非常有限，为达到最佳的易于理解的效果，译员就应该在译中阶段也依照具体的实际需要，对句子进行重新调整，并在翻译过程中以空格整合信息，便于观众理解。

而在下例中，断句对语意表达的作用更加明显：

【例 7】

The accuracy，or the inaccuracy of the information upon which that cooperation was based

而双方合作基于怎样的信息　　这个信息是否准确

and the source from which it came

以及相关信息的来源

are purely collateral issues

纯属附带的问题

原文是以"upon which"为衔接词的关系从句,导致此句整体意思较为复杂,"而双方合作基于怎样的信息　　这个信息是否准确"虽然重复了"信息"这个关键词,但由于将长句拆分成了短句且增加了空格,观众将更能在短时间内理解这句话的意义。

d. 音质、剪辑的碎片化语句

如概述所提及的,本项目较为特殊的一点是视频存在一些原音模糊或中断的部分,有时这些部分并不在整体语意中发挥作用,还有可能导致语意不明。在这样的模糊场景下,译员可根据实际情况适当省略,如下例所示:

【例 8】

You've given your reason a dozen times, and every objection...

你已经陈述过很多次相关理由了……

Well, I might say, for the balance of the questions which are coming...

鉴于接下来要提出的问题……

在此例中,讲话人在第一句话的结尾模糊地带过了一句"every objection",视频中的这个部分声音变小、很快中断,导致这里无法与上下文产生明显的连接,也很难推测出此处的"objection"所指为哪个对象。在这样的情况下,译员可以选择从观众理解语意的角度出发,适当删减原音和表意都不明确的部分,以确保观众能更清晰地理解整体语意。

e. 使用合适的语体

本项目所翻译的视频为关于法庭审判的纪录片,因此在翻译过程中必须考虑到受众群体与场景,表述要正式、严谨。如下述语句中,实际上都体现了在法庭场景下的表述:

【例 9】

00:08:13,764→00:08:18,477

尊敬的法官大人，我们是有根据的。

Has no idle statement your honor.

【例 10】

00:08:27,653→00:08:29,491

法官大人，如您准许

Well, I can quote you the statement

00:08:29,491→00:08:31,532

我可以将原话转述给您

if your honor please, if you desire,

00:01:54,385→00:01:55,761

我只想知道这个问题的答案

and I expect to get at it

【例 11】

00:01:55,761→00:01:56,929

望您准允

if I'm just permitted.

3) 译后

a. 译文调整

衔接与风格统一

原视频在任务分配环节分为三部分，交给三个译者独立翻译，虽然译中也有校对环节，但范围限于单个译者译文内部的误译修正与措辞调整。因而，在随后导出的翻译文件当中，不同译员的语言风格还有所不同，在交接环节及少许上下文有所呼应的部分存在不可避免的割裂感。譬如一段本是完整的语义单元在任务分配时有可能交由两位译员完成，而由于语义的不完整，导致两位译员的翻译不能够在逻辑上准确连接起来。除此之外，即便是"Cunningham"这样一个名字，不同译者在进行翻译的时候也有可能选择"坎宁安"或"康宁汉姆"两种不同的译法。但无论如何，从项目最终的成品要求来看，小组需要制作出一个完整、顺滑的视频字幕，需要在方方面面做到统一，以避免对观众造成不必要的影响。

因此，在译后环节当中，可以从篇章全局的层面出发，由一位译者再次对文本及翻译进行校对，在译文当中加强衔接、统一风格，以保证译文的流畅通达与一致性。比如，在本次项目的原语素材当中，YiCAT 平台在进行任务自动分配时就将一段完整的语义单元做了切断，第一部分最后是坎宁安先生向法庭要求继续审问证人，由第一位译员进行翻译，而第二部分法庭驳回其申请的开头却是由第二位译员来完成的：

Well, we think it's useless to assist further with the cross examination on that particular subject, Mr. Cunningham.

在本例当中，句首"well"为语气词，本被负责第二部分的译者省译，但如此一来，上下文的逻辑关系便不怎么清晰。在译后的校对过程中，该句最前加上了转折逻辑词"但是"，使得文章脉络更为清晰，读者也更能理解文本内容，也就是坎宁安提议的结果和法庭对于坎宁安提议的态度。

另外，虽译前已进行翻译上的规范指导，但译者难免将其偏好反映于译文中。如第三部分中，"the prosecution and presenting this witness... stated quote"被译为"控方请这位证人作证时曾这样说"，虽然语义准确、语言朴实，但由于翻译项目为法庭口译，风格严肃，法律英语也多用古奥词汇，另外，法律英语多术语，其部分翻译在汉语中已有固定表达，所以该句在译后修改为"控方请该位证人出庭作证如是说道"。

文本外的背景信息

本项目预设目标读者为当代普通中国观众。这一群体应都了解日本侵华战争这一史实的存在，但对战争经过、相关战犯的详细信息不甚了解，即便是东京审判，其中的经过也鲜有人知。而在此次项目当中，视频涉及三位日本战犯，首先是在前半部分提到的、由坎宁安带来法庭的"ambassador"，而后是未能出席庭审的"Shiratori"和"Doihara"。

经由译中的分析处理，现在可以很清楚地知道，"ambassador"在视频中指的是谷正之。他是日本昭和时期的外务大臣、日本驻南京伪政府大使，作为甲级战犯被羁押，后未予起诉被释放。而"Shiratori"和"Doihara"则是"白鸟野夫"和"土肥原贤二"。土肥原贤二主持情报工作，是在中国从事间谍活动的日本第三代特务头子，也是建立伪满洲国和策划华北自治的幕后人物，作为甲级战犯被处以绞刑。白鸟敏夫是日本官僚、国家主义的发言人，是日本一系列重大侵略行为的积极参与者，曾促成德、意、日三国同盟，后作为甲级战犯被捕并被远东国际军事法庭判处无期徒刑。就此而言，这当中的人物信息非常丰富。

然而，正如前文所说，这些信息对中国的普通观众而言依然陌生，很少有普通人可以直接辨识出这些名字。即便在翻译文本中将人物的名称注明,正确地反映在字幕中,观众也不一定能够迅速反应,明白视频对话当中正在谈及的是日本战犯,知道坎宁安先生其实正在和法官辩论审讯上的问题。因此,如果不加以进一步说明,视频文本当中的很多信息就难以传递给观众,而注释在这样的翻译实践过程当中就成为了一种选择。

但是,考虑到字幕的空间性(不能遮挡太多画面)和时间性(阅读量所需时间在字幕切换/画面演进时间之内),加注也必须作出取舍,同时要对注释出现的位置和停留时间做出细致的安排。就上述三位人物,项目组选择在屏幕的左上角进行补充。这样既符合读者自左到右、自上到下的阅读习惯,又不会遮挡画面,喧宾夺主。同时,加注内容以读者为中心,充分考虑到可能的知识盲区,补充了相关的背景知识。在此基础上,对信息做出进一步精简也很有必要。小组选择仅仅保留最重要的信息,即三位均为侵华日军甲级战犯,而针对"ambassador"补充了谷正之的身份,即外务大臣,以免引起懂得英语的观众的不解。

因庭审口译而造成的多语现象

正如本报告最初分析的那样,东京审判的庭审现场不仅仅有英语,还有俄语、日语、德语,并且这些语种的出现多是用于互译,换言之,将这些话语翻译为中文其文字相差无几。故而,如果字幕不做出直观的区分,那么观众看到意思相近甚至完全一致的中文反复出现,也许就会感到疑惑。

小组对此在字幕样式上做了额外的设计和区别,将不同语言用不同颜色在字幕中标识,并在视频初始提示观众,不同语言对应不同颜色。而在字体颜色的选择方面也有其内在逻辑。英语作为最广泛使用的外语,使用了字幕通用的白色来表示,暗示这一语种在视频中出现得最为频繁。而对于日语,则因日本被誉为"樱花之国"而用了观众能够一眼判断的粉色来表示。德语则是黄色,因为德国国旗(黑红黄)包含了黄色,且较为特殊,相比黑色和红色更有辨识度。至于俄语,则选用俄国国旗(白蓝红)中间的蓝色。不选择国旗的其他颜色是因为要与其他语种字幕有区分度,如红色与粉色较为相近;不选择黑色是因为黑色太过肃穆,也许会令观众认为字幕组另有意图。通过这样直观的色彩区分,观众即便不能辨识出外语,也能从颜色上把握语种,进而更好地进入视频呈现的口译场景当中,而不会感到困惑不解。

总而言之,目前多数字幕组的操作模式为三步骤,即听写—翻译—时间轴制作,将不同的阶段任务分配给不同的人员。这种"听写—翻译—质检断句—时间轴制作"的生产模式比较适合视频类字幕翻译。该项目新增了一个工作环节——质检断句,由一般笔译项目中的质检人员担任。他们既具备一定的语言素质和职业敏感度,工作效率还非常高。待翻译环节完成后,由专业的质检人员根据项目的断句要求进行语句的切分,这样减轻了后期制作人员制作时间轴的工作难度,也降低了对后期制作人员的语言水平要求。同时,需要说明的是,质检断句环节与翻译环节由项目管理人员安排进行了并行工作,提升了单位时段的工作量,以满足客户的进度要求。另外,此次东京审判的视频是针对法庭审判的记录,视频背景夹杂法庭现场杂音并涉及多人对话。部分人员语速较快且发音模糊,部分内容出现需要根据上下文的语境对个别发音、个别词汇进行猜测、判断的情况,加大了听力的难度。而原文文本的准确性将直接影响译文的准确性。因此,最理想的情况是有母语译员同步审核听录的文本,以确保文本的准确性。

b. 压制字幕

我们以软件 Adobe Premiere Pro 2020(以下简称为 PR)为例,示范如何调整字幕参数和校对时间轴。

(1) PR 字幕制作功能简介。Premiere Pro 提供了一系列说明性字幕功能,可以使用所有支持的格式创建、编辑和导出说明性字幕;可导入并显示隐藏字幕,还可编辑文本、颜色、背景和时间。完成编辑后,用户可以将隐藏字幕文件导出为"sidecar"文件,并将其嵌入 QuickTime 影片或 MXF 文件中,或者刻录到视频中。Premiere Pro 还支持导入可作为字幕刻录的开放字幕文件。

(2) 制作双语字幕对照的 srt 文件。经过译前听译和翻译两个阶段后,我们得到一个有英文原文、带时间轴的 srt 文件和一个中英文上下对照的 txt 文档。按规定把译文和原文一起复制、粘贴到对应的时间轴下面,基础单元示例如下:

00:04:50,940→00:04:53,640
既然如此,那我开始下一个问题。
On the basis of that, I'd go to something else.

(3) 导入 PR 进行字幕压制。新建项目,可以更改存储位置。然后双击左下界面,即可导入 mp4、srt 等格式的文件。具体教程请参考以下网址:https://v. qq. com/x/page/f3220la38v5. html? sf=qz。

(4) 导出最终视频。导出 mp4 格式的视频时选择 H. 264 格式,清晰度为 1,920×1,016。

4. 技术问题

1) 译前听录技术

科大讯飞的听见字幕和网易旗下的网易见外工作台各有优劣。听见字幕语音识别率和机器翻译水平更高,耗时更短,费用相对也适中,网页版已经能满足大部分要求,软

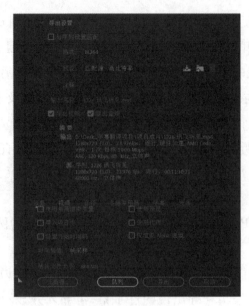

图 5.1　导出设置

件版功能更加齐全,但字幕导出只能为单语字幕。网易见外的优点是免费,但耗时较长,只有网页版;有过长字幕提示,容易发现并修改,而且导出的字幕可以是中英文对照版。两个软件主要适合个人给短视频配上字幕,不适合团队共同制作长视频,但两者便捷性都很高,并且都支持快速导出。由于需要对听录的英语字幕进行进一步的音频校对,所以只用了这两个软件的导出英语字幕的功能。就导出的英语字幕来说,两者的正确率没有太大差异,都处于及格线左右,至少能大量减少听录人员的打字时间。听录人员的工作因为这项技术转化成了语音校对。这种操作的弊端是导出的字幕 srt 文件导入 Trados 或 YiCAT 时,会出现格式不正常的现象,导致后期处理非常复杂。

目前,虽然各个软件支持的功能并不完全相同,但是基本功能无非就是导入视频、编辑字幕和导出字幕或视频,但是因为目前技术所能达到的语音识别率只能处于及格水平,国内主流软件主要对于中文的识别率较高,对于英语的识别率一般,其他语种几乎不支持,所以对于多语种的音视频几乎无法支持。比如本视频中还出现了日语,软件会把日语也识别为英语,按照音节对应成英文,不仅使句子完全丧失意义,对应直接机器翻译出来的内容也会出现问题。

2) 译中中英字幕切分问题

英文字幕切分也影响到中文翻译,但是关于每行英文字幕的字数规定,要和客户协商,或者根据翻译公司经验或自己的规定进行。如有些翻译公司规定,每行字幕一般只允许 60 个左右的英文字符。字体的大小、内容等也会影响每行字幕的呈现效果。

在听录后,软件导出的字幕文件在导入 YiCAT 进行进一步翻译时出现了乱码以及格式混乱。须先进行语料清洗,把时间轴和字幕分开,或进行文本对齐,将时间轴与字幕切分。由于字幕翻译的特点是每一句在视频显示中可能并不是完整的句子,但是翻译时必须要有完整的句子才能进行翻译,所以还须把字幕中被语音切分的部分人工连起来。因为屏幕中可能容不下那么多的字幕,又导致翻译结束后,须再次切分句子。这一步看似让之前的切分成了无用功,然而这一步又是不得不做的,所以导致人工处理时间很长。

3) 译后使用 PR 的问题

PR 是一款很好的制作字幕的软件,但是在实际运用过程中出现了很多问题,需要译员去思考,找到解决的路径。这里以问答形式全部予以呈现。

◆ 播放视频时字幕不清晰,停止时清晰是为什么?

因为 PR 会根据电脑资源占用自行播放时降低分辨率,保证实时预览,出现类似情况是因为实时渲染速度不够,是正常现象,只要保证输出时是完整分辨率即可。

◆ PR 导出的视频显示不出字幕?

在导出设置中找到效果视频那一栏,点击字幕,将导出选项改为“将字幕录制到视频”。

◆ PR 导出的视频比估计文件大很多,怎么解决?

关闭硬件加速,打开导出窗口,修改视频及音频码率,可以看到预估最终文件大小。如果实在不行可以导出视频后采用压缩工具压缩,例如小丸工具箱。

◆ PR 中时间轴上面的素材突然拖不动是怎么回事?

(1) 切换成列表视图;

(2) 或者放大素材图标大小(素材库下面“调整图标和缩览图的大小”);

(3) 悬浮素材库面板。

◆ PR 剪辑总是闪红怎么办?

如果是 dng 序列的话,一般都是素材损坏,视频也是如此,可以试试视频转码会不会变好。有时候转码可以解决这个问题。

◆ PR 导出视频的时候,画面颜色会失色,应该怎么设置导出时候的参数才对呢?

视频输出后用其他播放器播放,颜色如果正常,那就是显示器颜色模式和 PR 里的颜色模式不一致,这时仅须在“偏好”＞“显示器”＞“颜色”处设置成所需要的颜色模式就可以了。

◆ PR 导入视频无法显示怎么办?

尝试一下导入其他视频,对比一下看看是软件的问题,还是这条视频格式的问题,或是用快捷键不小心关闭了显示的缘故。

◆ PR 怎么把视频和音频合并?

①打开 Pr;②新建序列;③把视频拖入视频轨道;④把音频拖入音频轨道;⑤导出序列。

◆ 用 PR 做好了视频导出后,如何更换在电脑上显示的封面?

那是系统自己选的封面,PR 无法控制,如果非要显示某一帧为封面,需要借助第三方软件。这里推荐一款叫 video thumbnailer settings 的编辑工具。这款工具支持目前大部分的视频格式。使用方法很简单,只要把视频导进去,然后从视频中选出一帧设为封面,最后再在软件重设下缓存即可。

◆ PR 如何让视频变得更清晰?

(1) 如果说视频本身就很清晰,那么想要导出的时候很清晰,先推荐一个 mp4 的编码是 H264。然后在导出的地方点击"匹配源",就可以匹配文件源分辨率(也就是极限大小)。最后,比特率是直接关系到清晰度的,也要和原视频一样大。

(2) 如果说想要让不清楚的视频变清楚,就只能用 PR 的插件或者专门软件。当然,渲染速度会极慢。

◆ 两个素材间加不了视频过渡,只能加在第二个视频开头,怎么办?

前面的一段素材的结尾就是这段素材的最后一帧,当然没有余地做过渡特效了。有两个解决方法:把前面一段素材结尾截去 2～3 秒,就可以直接拖视频过渡特效了。或者新建一个调整图层,放到两段素材上面一轨,然后在调整图层上做特效。

◆ 用 PR 剪辑视频导出什么格式传到手机不会很模糊,还能保证清晰度?

导出视频的时候,选择匹配源,这样就不会降低清晰度,也就是用源文件的清晰程度来输出视频。再看看码率设置,有可能被改动过,所以要看看是否需要调节一下。一般要清晰一些至少需要 3Mbps 的码率,PR 默认是 10Mbps 的静态码率、12Mbps 的动态码率,所以用默认参数就可以达到很清晰的程度了。

◆ PR 如何大窗口预览素材?

大屏幕窗口预览(～)或者使用 Ctrl＋\。后者的预览效果更好,可以结合使用。

◆ PR 如何分别设置中文字体和英文字体?

目前 PR 暂时没有实现这项功能,只能在 Word 文档中进行设置。

5. 项目反思

字幕翻译比较特殊,对项目管理、翻译策略和技术的要求都比较高。本项目的实施让我们了解到字幕翻译是一项"全能"的技艺,译者须终身学习,不但要会翻译,还要在项目管理、技术应用等方面与时俱进。

1）项目管理

a. 提前对优秀译员进行技术培训

此次项目启动时，由于时间紧张，采取了听写原文—翻译—质检断句—时间轴制作的生产模式，其中翻译与质检断句环节并行工作。如果一名译员可以独立完成所有环节，工作效率一定会大大提高，项目风险也会大大降低。显然，这种"全能"译员是相对紧缺的。为了突破这一困境，可以在平时或者项目预警阶段，尽可能地对这些具有比较优秀翻译能力的译员集中进行字幕软件的使用、时间轴制作的培训。在培训时，建立活动小群，在具体的讲解、说明后，译员开始熟悉软件和具体的操作，遇到不明白具体操作的时候，在群里相互沟通、交流，相互教学；及时将时间轴制作、字幕软件的使用等一些注意事项、容易出错的地方通过群文件、群公告的形式告知译员，节省一个一个独立沟通的时间。

b. 提前了解项目背景

在本项目中，项目经理须对二战时期相应的背景以及术语进行提前介绍与整理，便于译员在了解大背景后进行翻译。单个视频的时间为 10～15 分钟，而单个译员如果只翻译某几个视频，不了解完整的内容，就会缺乏整体的翻译背景。提前进行完整的项目背景内容介绍，有助于提升译员的翻译速度。因此此次项目启动前，下载整理了由上海交通大学出版社出版的《东京审判研究手册》（2013）作为译员必读参考资料。

c. 制定项目风格指南，明确注意事项

字幕翻译要求比较繁琐、具体，包括中文字幕不出现标点符号、要切分句子的基本规则；字幕每行的字符数限制要求说明等。具体指南请扫描右侧二维码，可供任何其他字幕翻译参考。

2）技术应用

本项目一个最大的特点是技术支持。从一开始的听录，到校对、翻译、切分、压轴、导进导出软件，都离不开技术的支撑。但是，本项目也提醒了我们，人工智能时代不能全靠机器，必须人机合作。在翻译过程中，机器确实可以省下大部分时间和精力让人去做更专业的事情；但是人不能完全依赖机器，要用心去检查机器处理的结果，对组员和译文受众负责。例如本次项目使用的 YiCAT 翻译平台，就机器辅助翻译而言，为项目推进提供了极大的推力，在有限的时间内完成了相应的翻译审校工作，也在线上提供了译员合作的可能，十分便捷。但另一方面，对字幕翻译这一特定翻译实践而言，YiCAT 平台往往对于特殊的断句处理无法提供有效的翻译输出，难以保证部分内容的准确，或者不符合项目交付要求。这点属于纯粹的技术难题，也说明在特定媒介当中，现有的翻译技术还不能做到最为理想的机器辅助，还需要译员在其中进行额外而大量的编辑和调整。对于日后的翻译研究，尤其是字幕翻译领域的项目研究，可以进一步从这点出发，帮助相应的技术做出改善，以保证未来的字幕翻译工作与机器辅助翻译更好地对接，生产出更为优质的翻译内容。一些 CAT 平台可以抓住这次机遇，研发专门用于字幕翻译的 CAT 功能或工具，方便译者进行字幕翻译的处理，节省译者的时间，让译者创造更大的翻译价值。

对于字幕翻译这一特定翻译类别来说，技术反而成了比翻译更加需要迫切解决的问题。在目前各类短视频、网课爆炸式增长的互联网新趋势下，字幕翻译大有可为。译者面对这种发展趋势，必须认真学习新兴的互联网技术，了解互联网发展趋势，甚至学习一些时下流行的网络语言加入翻译中以迎合互联网用户的需求。这些都使字幕翻译对译者有了比以往更高的技术要求和内容要求。译者应该努力适应这一变化，一边学习视频技术，一边学习一些互联网运营的知识，编译出更好的字幕和视频，满足用户期待。译者要善于思辨，一方面灵活动用自己掌握的翻译策略、翻译方法，根据翻译目的、文本功能等进行合理使用，一方面高效利用各种资源。若遇到自己难以判断的语音内容，可以向母语使用者和专业从业人士进行咨询；若遇到不懂的术语，可以借助网络等资源进行查证，或是向客户、项目负责人等寻求指导；如果文本内容涉及特定的历史文化，译员应当灵活处理，补充自身的背景知识……总而言之，对于字幕翻译，译员需要通过思考进行多层次、多角度的处理，有效应对文本内外的各类挑战。

本项目拓展题

个人思考题

（1）字幕翻译属于视听翻译，依靠声音和画面一起完成信息的传递，具有瞬时性、通俗性、空间限制性和不可回溯性，是一门综合性艺术。请思考字幕翻译具有什么特点。

（2）字幕翻译不仅仅是语言文字的转换，还需要一些技术性处理原则，例如标点符号应省尽省原则、数字"文字化"处理、时间轴单行等。请结合《老友记》的字幕翻译，想想还有哪些艺术性处理原则。

（3）字幕翻译具有四大挑战：格式处理问题、内容解析问题、协作翻译质量问题和"盲译"问题。请结合《舌尖上的中国》字幕翻译，思考如何解决这些问题。

（4）对于字幕翻译中的文化专有项，该采用归化还是异化译法？如何考虑所有听众/观众的需求？请结合电影《功夫熊猫》的字幕翻译，谈谈你的看法。

（5）字幕翻译应如何处理声画同步问题？请举例说明。

小组合作题

（1）由于字幕翻译过程受到很多因素的限制，翻译需要灵活变通。请去网上找到《唐顿庄园》的字幕翻译，一边享受纯正的英音，一边分析翻译的字幕，把翻译得精彩的部分写下来进行小组汇报。对翻译得不够好的部分，给出自己的试译文。

（2）观看电影《魂断蓝桥》，隐去声音，根据字幕进行配音练习，体会影视翻译的趣味性。配音演员在翻译时要注意短语和句子的"本地化"，翻译尽量符合观众的说话习惯；在配音时则要注重音色、语气、情绪、连贯程度等，整个配音团队更要注重相互配合，把控剧情的节奏，必要时灵活处理角色的发言，让观众听起来流畅、自然、舒适。

（3）请搜索字幕翻译常用的工具和软件，并比较各自的优势和不足。推荐一到两款软件，给技术欠缺的同伴进行培训。

（4）学习如何制作视频字幕。请去下面的网址寻找 aegisub 字幕教程：

https://jingyan.baidu.com/article/4853e1e54c7c5f1909f726f7.html

看完教程后，请寻找一个教学视频或者 TED 演讲，分成小组，采用听写原文—时间轴切分—翻译三合一的生产模式，试做 20 分钟的字幕。就这个过程中遇到的问题和解决方法进行交流，体会字幕翻译的苦乐。

（5）请比较纪录片视频的字幕翻译和电影、电视的字幕翻译，归纳特点并进行课堂汇报。

第 6 章　游戏翻译项目

导语

游戏翻译项目有两个特点：

（1）原文是游戏条文，涉及主题广泛，具有娱乐性、通俗性、趣味性等特点。

（2）译文要达意流畅，会说"行话"，能够引起玩家的兴趣，体验游戏内文字乐趣，达到"译有所为"。

教学建议

（1）建议学生们玩玩母语游戏，总结不同题材、不同风格游戏的语言特征，加深对某种类型游戏的认识和了解。

（2）请学生们了解以下相关信息并选择一款喜欢的游戏，列出该类型游戏的主要术语，并进行翻译，全班同学交流分享。

● **游戏发布平台**：手机、主机［目前主流的有 Nintendo Switch（NS）、PlayStation4（PS4）、PlayStation5（PS5）］、PC（即电脑端，具体的游戏发布平台有 Steam、Origin、EPIC 等）。H5 游戏基本都属于"小游戏"，与网页很类似，所以在手机和电脑上都可以玩。

● **游戏题材/风格**：二次元、武侠、仙侠、（西方）魔幻、三国、科幻、军事、恋爱等。

● **游戏类型**：射击游戏（FPS、TPS）、冒险游戏（AVG）、卡牌游戏（TCG）、体育竞技游戏（SPG）、模拟游戏（SIM）等。此外还有 MMORPG、RTS、STG 等，分类视角有大有小，此处不做详述。

翻译概要

具体项目需求如表 6.1 所示。

表 6.1　具体项目需求

语种	CN‐EN，EN‐CN
格式	软件/应用程序(.loc/.xml/.csv/.xls)
翻译范围	目标语种字符填充，图片、字库本地化调整
专业领域	PC/电子游戏
目标语种及区域	CN‐EN，EN‐CN，中国/欧美
交付物格式	同原文件格式，即软件/应用程序(.loc/.xml/.csv/.xls)
目标语种交付物使用场景	PC/电子游戏
质量评估指标	见质量要求
信息安全保障及产权要求	游戏版权由游戏制作发行公司所有，如果喜欢该游戏，请购买支持正版。游戏汉化补丁为爱好者制作，仅供学习、试玩、交流所用，任何组织与个人不得用于商业用途。
交付和验收要求及标准	切合游戏内容，实机测试通过
售后服务和责任	交付后支持修订和更新
服务采购流程	玩家需求沟通—按需招募人员—试译—试玩
语言需求管理	需求提交规范：重要道具、技能、称谓等术语统一，文本风格符合游戏设定 内容交付规范：原文件内占位符不可缺失、更改，交付符合简体中文使用者习惯的内容文件，关注.png/.fnt/.ktext本地化策略 业务订单管理：以 Excel 表格形式记录源文件分割情况，译员领取前进行登记 需求交互管理：组建讨论组
语言项目生产管理	项目实施流程：试译—分稿—阶段汇总—统一术语—润色—校对—审校评议—测试—发布—后期维护 资源管理与配备：专人管理术语库和各版本原件，确保网络畅通，如需查询资料汇总后统一处理 质量、进度、风控管理：规定交付文件标准命名格式，成员定期汇报工作，失联前请务必交付未完成稿件，汇总后按需制作相应字库
语言供应商管理	安全规则和策略：文件分发、上传后设置编辑权限，防止数据删除、文档清空等误操作 财务与结算统计：能者多劳 质量测试与周期性评估：根据进度灵活调整汇总时间，因游戏文本特殊性，在翻译时应注意及时向管理人员汇报，尽可能详细地填写备注，交付 QA 人员时进行说明，留意图片、字库有无文字缺失、乱码情况

语言交付业绩管理	语言交付量可视化统计:鼓励在 Excel 的登记表上活跃表现,不做强行要求 外包部门工作内容和规范:保持术语统一,分发随时更新的词典和术语库文件
语言支持业务场景管理	语言支持业务与部门图景:简中-英为主,繁中暂不考虑 语言价值分析报告:符合游戏特色
数字化语言资产管理	建立 TM/TB,形成 Style Guide 和词典,LQA(Localization Quanlity Assurance)需求过程

翻译项目内容选摘

请看以下三种待翻译的游戏文本,尤其是第二种,其中的代码不需要翻译,也不能移动,只需要把其中的英文翻译成中文即可。

第一种:《魔兽世界》内部分技能名称与技能描述(见图 6.1)

《魔兽世界》(World of Warcraft)是由著名游戏公司暴雪娱乐(Blizzard Entertainment)开发制作的大型多人在线角色扮演游戏(MMORPG)。该游戏发布于 2004 年 11 月 23 日,并不断加入新的资料片对故事情节进行补充和扩展,至今依然保持着良好的商业化运营。该游戏故事情节丰富,叙事效果饱满,主要讲述了生活在艾泽拉斯星球上的冒险者们为坚守信条、寻求更加美好的生活而努力奋斗的点点滴滴。暴雪娱乐旗下的所有游戏内容及信息资料均经由专业本地化团队加工,对同类游戏产品具有较大借鉴意义。

图 6.1 所示的这些技能描述均属于魔兽世界 9.0 版本"暗影国度",具体是在盟约-"灵魂绑定"这个系统中。这里大多是与主角(玩家)绑定灵魂的 NPC(相当于盟友)的技能。大多数人的资料和角色设定都可以在下面这个网页找到:https://wowpedia. fandom. com/wiki/Nadjia_the_Mistblade。

第二种:《隐秘探险:海神之遗》的部分游戏内容(见图 6. 2)

《隐秘探险:海神之遗》(Hidden Expedition: Neptune's Gift)由 Eipix Entertainment 制作,大鱼游戏公司(Big Fish Games)发行,是《隐秘探险》系列解谜游戏的第 18 部作品。游戏中玩家扮演一位考古学家,受邀参加庞贝古城的古代宝藏探索活动。但随着科学考察工作的逐步深入,危险的敌人也在缓步靠近。

第三种:《太吾绘卷》的部分游戏内容(见图 6.3)

《太吾绘卷》(Scroll of Taiwu)以神话和武侠为题材,由螺舟工作室(ConchShip Games)

ID	Name_lang	Description_lang
1	[PH]Placeholder Punch	[PH] Powerfully punches the nearest enemy for $s1 Physical damage.
2	Acid Spit	Spits acid at the farthest enemy, dealing $s1 Nature damage.
3	Anima Bolt	Sha'lor blasts the farthest enemy with shaped Anima, dealing $s1 Arcane damage.
4	Auto Attack	Deal attack damage to the closest enemy.
5	Auto Attack	Deal damage to an enemy at range.
6	Bag Smash	The smuggler swipes with his bag, damaging all adjacent enemies.
7	Blood Explosion	Theotar pulses with shadow, dealing $s1 Shadow damage to all enemies at range.
8	Bone Reconstruction	Heals all allies for $s1.
9	Bonestorm	Whirls in place, dealing $s1 Shadow damage to all enemies in melee.
10	Bramble Trap	Winding tendrils ensare all enemies, dealing $s1 Nature damage and reducing their damage by 20% every other round.
11	Cleave	Clora cleaves all enemies in melee, dealing $s1 Holy damage.
12	Combat Meditation	Pelagos meditates, increasing his damage by 30% and inflicting a Sorrowful Memory on all enemies, dealing $s2 Holy damage.
13	Dawnshock	Apolon's light ignites the farthest enemy, dealing $s1 Fire damage and $s2 Fire damage for the next 2 rounds.
14	Dazzledust	Blisswing reduces the damage of the furthest enemy by $s1 for 3 rounds.
15	DNT JasonTest Ability Spell	DNT Test test Effect 0 Attack points $s0, Effect 1 Attack points % $s1, Effect 2 Flat points $s2, Effect 3 Flat points % $s3
16	DNT JasonTest Ability Spell2	DNT Test test Effect 0 Attack points $s0, Effect 1 Attack points % $s1, Effect 2 Flat points $s2, Effect 3 Flat points % $s3
17	DNT JasonTest Envirospell	
18	DNT JasonTest Spell Tooltip	DNT test test test
19	DNT JasonTest Taunt Spell	Taunt
20	DNT Owen Test Double Effect	
21	Double Stab	Stabs the closest enemy twice, dealing $s1 Physical damage with the first knife and and $s2 with the second.
22	Double Strike	Nadjia strikes the closest enemy twice, dealing a $s1 and then $s2 Physical damage.
23	Doubt Defied	Pelagos faces his fears and hurls light in the face of his foes, dealing $s1 Holy damage to all enemies at range.
24	Etiquette Lesson	Bogdan reminds the nearest enemy of their manners, dealing $s1 Shadow damage for the next three turns.
25	Exsanguination	Theotar rips the blood from all enemies at range, increasing the damage they take by $s1%.
26	Face Your Foes	Korayn steels his resolve and slices his opposition, dealing $s1 Physical damage to all adjacent enemies.
27	Flashing Arrows	Kota unleashes a flurry of arrows, dealing $s1 Physical damage in a cone emanating from his closest enemy.
28	Forest's Touch	Groonoomcrooek's branches lash in the wind, dealing $s1 Nature damage to all enemies in a line.
29	Gentle Caress	
30	Glowhoof Trample	Strike all enemies in melee, dealing $s1 Holy damage and reducing their damage by $s2%.
31	Gnashing Chompers	Emeni's marvelous mastication inspires all adjacent allies, increasing their damage by $s1 Shadow.
32	Goliath Slam	Slams a nearby enemy, dealing $s1 Shadow damage to them and an enemy behind them.
33	Gore	Stabs all enemies in melee with their antlers, dealing $s1 Nature damage.
34	Gravedirt Special	Dug tosses a shovelful of Grave Dirt at all enemies, dealing $s1 Frost damage and healing himself for $s2.
35	Halberd Strike	The Halberdier slices their weapon at the farthest enemy, dealing $s1 Physical damage.
36	Hawk Punch	Eli strikes as swiftly as a hawk, dealing damage to the closest enemy.
37	Headcrack	Lost Sybille smashes the heads all adjacent enemies together, dealing $s1 Physical damage.
38	Healing Howl	Heal all allies for $s1% of their maximum health.
39	Heart of the Forest	Qadarin heals himself for $s1 Nature.
40	Hold the Line	Korayn and allies take 10% less damage.
41	Holy Nova	Kosmas erupts in light, dealing $s1 Holy damage to all enemies and healing allies for $s2.
42	Huck Stone	Stonehuck hurls a Sinstone which shatters and deals $s1 Physical damage to all enemies at range.
43	Icespore Spear	Chalkyth slashes all enemies in melee with his spear and implants an Icespore, dealing $s1 Frost damage each round for 3 rounds.
44	Insect Swarm	Yira'lya summons a swarm of insects to torment the farthest enemy, dealing $s1 Nature damage and reducing their damage by 2
45	Invigorating Herbs	Niya invigorates adjacent allies, increasing all damage they deal by 20%.
47	Larion Leap	Nemea enlists a Larion friend to leap into battle, dealing $s1 Physical damage to the farthest enemy.
48	Lead the Charge	Kleia charges into battle, dealing $s1 Physical damage to all adjacent enemies.
49	Leech Anima	Siphons anima from the farthest enemy into yourself, dealing $s1 Shadow damage and healing for $s2.
50	Leeching Seed	Karynmwylyann draws strength from the closest enemy, dealing $s1 Nature damage and healing himself for $s2.
51	Mace to Hand	Kleia's determination (and mace) make enemies pay dearly, dealing $s1 Physical damage to any who attack her.
52	Mandible Smash	Smashes the closest enemy, dealing $s1 Physical damage.
53	Massive Rumble	Slams his carapace into the ground, dealing $s1 Nature damage to all enemies.
54	Mirror of Torment	Simone wields her mirror with precision, dealing $s1 Arcane damage to the farthest enemy.
55	Mirrors of Regret	Vulca invokes the power of loss, dealing $s1 Arcane damage to all enemies at range.
56	Nagging Doubt	Gnaws at the closest enemy, dealing $s1 Shadow damage.
57	Onslaught	Tez'an stabs multiple times with his spear, dealing $s1 Physical damage to all enemies in melee.
58	Ooz's Frictionless Coating	Marileth heals a nearby ally for $s1 and increases their maximum health by 10%.
59	Phalynx Flash	Pelodis enlists a Phalynx to charge into battle, dealing $s1 Holy damage to the farthest enemy.
60	Physiker's Potion	Telethakas pours a potion down the throat of the closest ally, healing them for $s1 and increasing their maximum health by $s2%
61	Plague Song	Scream at enemies at range, inflicting $s1 Nature damage each round for 4 rounds.
62	Podtender	Heal an adjacent ally for $s1, but reduce their damage by 10% for the next round.
63	Polite Greeting	Stonehead smiles and politely smashes all enemies in melee for $s1 Physical damage.
64	Potions of Penultimate Power	Sika dishes out potions to the party, increasing their Damage by $s1 Holy for 3 rounds.
65	Protective Aura	Draven's wingspan shields himself and all allies, reducing all damage taken by $s1%.
66	Purification Ray	Hala purifies all enemies in a line, dealing $s1 Holy damage.
67	Ravenous Brooch	Heirmir's brooch heals her for $s1.
68	Reconfiguration: Defense	Ispiron reconfigures, reallocating resources to protect himself, reducing all damage taken and dealt by 40% for 3 rounds.
69	Reconfiguration: Reflect	Bron reconfigures, wreathing himself in bands of light that deal $s1 Holy damage to all who attack him for the next 3 rounds.
70	Resilient Plumage	Mikanikos enhances the durability of the closest ally, reducing the damage they take by 50% for two rounds.
71	Resonating Strike	Hala strikes the closest enemy for $s1 Holy damage. The force of the blow generates a secondary shockwave, dealing $s2 Holy da
72	Revitalizing Vines	Heals the closest ally for $s1.
73	Searing Bite	Bite the closest enemy with jaws of flame, dealing $s1 Fire damage.
74	Secutor's Judgment	Mevix judges his opponent wanting, dealing $s1 Shadowfrost damage to all enemies in a cone in front of him.
75	Serrated Shoulder Blades	Enemies attacking Heirmir take $s1 Physical damage.

图 6.1　《魔兽世界》内部分技能名称与技能描述

```
    </Element>
    <Element>
        <Token>hint_btn_is_charging</Token>
        <Text>Hint is recharging.</Text>
    </Element>
    <Element>
        <Token>skip_btn_is_charging</Token>
        <Text>Skip is recharging.</Text>
    </Element>
    <Element>
        <!-- это в экстре на попытку скипа -->
        <Token>freeplay_disabled_hint</Token>
        <Text>You can't skip the game in this section.</Text>
    </Element>
    <!-- cs btn -->
    <Element>
        <Token>gui_movie_btn_continue</Token>
        <Text>CONTINUE...</Text>
    </Element>
    <!-- achivements -->
    <Element>
        <Token>lit_gui_extra_achievements_header</Token>
        <Text>ACHIEVEMENTS</Text>
    </Element>
    <!-- hop_no_hints -->
    <Element>
        <Token>lit_gui_extra_achivements_hop_no_hints01_header</Token>
        <Text>Smart</Text>
    </Element>
    <Element>
        <Token>lit_gui_extra_achivements_hop_no_hints01_desc</Token>
        <Text>Finish a Hidden-Object Puzzle without any hints.</Text>
    </Element>
```

图 6.2 《隐秘探险：海神之遗》的部分游戏内容

ID	Name	Description
51	资源增长	的|的规模等级上升了。
52	资源扩张	的|向周边地区扩张了。
53	建筑损坏	的|正在受损，规模等级正在下降。
54	建筑倾塌	的|倾塌毁坏成一片废墟了。
55	建筑竣工	的|建造完毕了。
56	制造完工	的|完成了一项制造任务。
57	扩建完工	的|扩建完毕了。
59	拆除建筑	的|拆除完毕了。
60	采集完毕	的|采集完毕了。
201	收获珍宝	在|获得了十分珍稀的|。
202	天降横福	在|意外的获得了大量|。
203	天降横祸	在|意外的失去了大量|。
204	礼轻情重	在|将|赠送给MN。
205	物薄情厚	在|将|赠送给MN。
206	受人暗害	在|向MN施以暗害，令MN失去了|。
207	受人暗害	在|向MN施以暗害，令MN失去了些许|。
208	受人暗害	在|向MN施以暗害，令MN险些失去|。
214	受人暗害	在|试图向MN施以暗害，但并未成功。
215	天人永别	在|离开了人世。
216	不世奇遇	在|意外的获得了一部|的武诀秘籍。

图 6.3 《太吾绘卷》的部分游戏内容

独立开发。在该游戏中,玩家扮演神秘的"太吾氏传人",在以古代中华神州为背景的架空世界中,通过一代又一代传人的努力和牺牲,最终击败强大的宿敌。

游戏翻译项目报告

1. 项目分析

国内外游戏行业发展势头迅猛,正如《2020 年第一季度中国游戏的产业报告》所述,中国自主研发游戏的海外市场的实际销售收入实现了快速增长。放眼全球,国际权威第三方机构 Slator 的报告同样展望了全球游戏本地化产业的光明未来。作为游戏产业开拓海外市场的重要一环,游戏翻译(本地化)行业也有了蓬勃发展。体系完备的游戏本地化工作应包含游戏翻译(游戏内文本翻译、游戏内语音与图像翻译、游戏宣发文件翻译)以及语言包结构设计、游戏质量测试与保证、与开发部门的对接、本地文化习俗适应等环节。但基于成本控制、受众偏好等诸多因素,很多流水线式的游戏本地化工作是指游戏翻译,而翻译工作又着眼于游戏内文本的处理。本报告主要对游戏内文本的翻译工作进行探究,同时对本地化其他环节稍作分析。

游戏翻译项目主要为角色扮演类①游戏,并由两部分组成:中到英翻译和英到中翻译,其中中英翻译以仙侠②游戏为主,英中翻译以魔幻③游戏为主。翻译内容包括:用户界面(UI)、游戏内物品(item)、装备(equipment)、技能(skill)、任务(quest)、成就(achievement)、对话(dialogue)和广告(ad)。具体来说,包括用户界面选项、用户界面提示、用户界面操作指南、游戏公告、游戏指南、物品名称、物品属性、物品描述、装备名称、装备属性、装备描述、技能名称、技能描述、任务名称、任务要求、成就名称、成就描述、人物对话、旁白情节、书信、游戏宣发等内容。翻译总单元数为 230,000 余条(包含重复率 101%部分)。

---

① Role-playing game,简称 RPG,是一种常见的电子游戏类型。游戏玩家控制一个或多个角色,在虚拟游戏世界中完成各种各样的任务。这类游戏重视故事情节的推进与叙事元素的铺陈,关注玩家角色的成长,具备探索复杂性、游戏重玩性和角色融入性。

② 仙侠的概念比武侠更加广泛,这类游戏多讲述在东方(以中国古代为主)古典架空世界里的天人之争、家国之事和儿女之情。

③ 在此背景下的虚构游戏世界里,现代科技让位于奇幻魔法,"所有的男人都身强力壮,所有的女人都美丽大方,所有的生活都充满冒险,所有的问题都简单明了"(L. Sprague de Camp, Introduction of Swords and Sorcery, 1963, p. 7.)。

1）对抗类游戏的翻译

本项目中包含对抗类游戏的三类待译文档,分别是攻略菜单道具与技能的翻译,以及本地化文档的翻译。攻略菜单的特点是指令性较强,描述性话语与术语相结合,共2,000余字;道具与技能的特点是术语密度较大,需要译员进行大量的"创译",共1,000余字;本地化文档的特点是描述性话语较多且其中夹杂大量代码,要在译文的相应位置大量插入原有代码,以确保文档内容和结构最终的有效性,术语较少且固定,共10,000余字。在翻译过程中译员需要全程兼顾文本的质量和代码的有效性,总体翻译难度较大。

2）解谜类游戏的翻译

本项目包含解谜类游戏的两类待译文档,分别是本地化文档和攻略指南。其中,本地化文档包含了菜单界面和游戏故事剧情的翻译,菜单界面由说明性的文字组成,要求简洁明了,不需要包含感情色彩;而解谜类游戏的故事剧情占主体地位,主要由游戏角色间的对话和旁白推动,因此大多数为叙述性文字,要求口语化、通俗易懂。本地化文档共约30,000字。而攻略指南则与技术文档中的Task Topic类似,通过文字与游戏中画面截图的配合给予玩家准确的指示,其组织架构具有时间顺序,以序号进行整齐排列;用词清晰简洁,避免歧义,前后术语统一;语言直截了当,使用第二人称以及主动语态,常用祈使句。攻略指南约3,000字。

3）仙侠类游戏的翻译

仙侠类游戏的翻译内容包含道具名称、技能名称、装备名称、人物性格、环境描写、人物对话及独白,主要归纳为游戏属性和故事背景两个方面,总共6,653字,实际翻译约1,200字。游戏属性的翻译要求简洁易懂,语言通常含有丰富的文化内涵,译者既要顾及中国的历史文化传统,又要注重游戏语言的本地化处理,让游戏玩家能够轻松地理解游戏内容,体验到游戏的乐趣。对于游戏属性方面的翻译,主要是通过试玩游戏、与资深游戏玩家讨论、查询游戏攻略、查看已有本地化游戏的名称以及查阅权威词典确定翻译。故事背景主要是由句段组成的人物对话、角色独白、环境描写以及故事叙述构成,语言接近文言文,有鲜明的武侠小说特色,语句中包括较多成语、俗语和文化特色词语。游戏翻译要求化繁为简,翻译出语言的真正所指,做到简洁易懂,而不是拘泥于字面,造成艰涩难懂。由于是具有中国特色的游戏翻译,也要注重文化内涵的传递,在环境和情节叙述上应当保留源语风韵;对故事背景的翻译,主要是通过查询语料库和权威词典,在忠实于语意和语境的基础上做意译和省译处理,以减少游戏玩家认知负荷,同时传递文化的意境,达到获得视觉美感和中华文化走出去的目的。

2. 项目特色

1）游戏特色鲜明

游戏翻译的目的在于通过修改、编辑游戏内的语言,使之能够适应目标市场的需要,使目标市场内的玩家能够顺利地进行游戏,获得良好的娱乐体验。在翻译、审校过程之中,要紧密联系游戏开发团队,邀请游戏玩家参与翻译过程,并在发布翻译版本之后密切进行跟踪,收集玩家反馈,不断提升译文;确保每段文字都能够术语精准,表意流畅,符合游戏特点,满足玩家需求。

2）涉及领域广泛

游戏主题繁多,形式多样,能够承载的内容也十分丰富。一款中式仙侠类游戏可以衣食住行无所不谈,天文地理博闻通览,从一只叫罐里的促织窥见玄之又玄的天机;而一款西方魔幻类游戏,可以剑杖棍棒琳琅满目,冰火雷电尽数驭之,从炉火旁的银白符文嗅闻毁天灭地的灾难。

3）翻译内容重复率高

如图 6.4 所示,通过软件统计后发现翻译内容的重复率达到 50.08%,这样利用机器辅助翻译时,仅须翻译没有重复的内容,大大地提高了翻译效率,节省了时间。

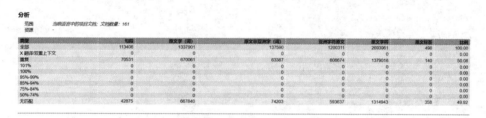

图 6.4　翻译内容重复率

3. 翻译难点

1）碎片化信息的整合

游戏开发者使用开发工具所支持的计算机语言编写出可被游戏软件执行的源文件,其中包含多种软件格式。游戏文本文件和音乐文件、视频文件、图像文件一样,具有一定的封装格式。游戏文本往往要在通过专门软件逐条逐句进行提取之后,才能交付到译员手中(见图 6.5),有些时候也会收到游戏内文件。待翻译文档往往是零散而杂乱的,甚至可能会直接以字符串形式(见图 6.6)呈现出来,对翻译工作造成一定的困难,极大地考验译者的专业程度和工作耐心。

Dia/G_19/Pha_1/Epc_5/Q_1	Do you visit the gym regularly?
Dia/G_19/Pha_1/Epc_5/Cho_1	Yes, I go in for sports every day. I think that regular training is the key to a good physical form.
Dia/G_19/Pha_1/Epc_5/Cho_2	I do not go in for sports as often as I want. However, I try to work it out such a habit.
Dia/G_19/Pha_1/Epc_5/Cho_3	The gym is not my favorite place. I prefer running.
Dia/G_19/Pha_1/Epc_6/Q_1	I'm the cheerleader.
Dia/G_19/Pha_1/Epc_6/Cho_1	Oh, I thought about that. You look like a cheerleader. Do you motivate your campus sports teams?
Dia/G_19/Pha_1/Epc_6/Cho_2	Do you have a cheerleading scholarship?
Dia/G_19/Pha_1/Epc_6/Cho_3	Do you like these activities?
Dia/G_19/Pha_1/Epc_5/Rly_1	I completely agree with you. Sport is my passion too.
Dia/G_19/Pha_1/Epc_5/Rly_2	You should do that. Regular training is necessary.
Dia/G_19/Pha_1/Epc_5/Rly_3	I understand you. Cardio training is my favorite.
Dia/G_19/Pha_1/Epc_6/Rly_1	Yes, my team entertains the audience during the American football and basketball matches. We have a great campus team.
Dia/G_19/Pha_1/Epc_6/Rly_2	Strangely, you've asked something like that. But, yes, I do.
Dia/G_19/Pha_1/Epc_6/Rly_3	Yes, it's really fun. Our team spends a wonderful time together.

图 6.5 某恋爱模拟游戏内文本


```
ss:Type="String">完美主义者</Data></Cell><Cell ss:StyleID="s60"><Data ss:Type="String">Perfectionniste</Data></Cell><Cell ss:StyleID="s60"><Data
ss:Type="String">Perfektionist</Data></Cell><Cell ss:StyleID="s60"><Data ss:Type="String">完璧主義</Data></Cell></Row><Row><Cell
ss:StyleID="s92"><Data ss:Type="String">STR_ACHIEVEMENT_COLLECTION</Data></Cell><Cell ss:Index="4" ss:StyleID="s60"><Data ss:Type="String">收藏
</Data></Cell><Cell ss:StyleID="s60"><Data ss:Type="String">Collectionneur</Data></Cell><Cell ss:StyleID="s60"><Data ss:Type="String">Sammler</
Data></Cell><Cell ss:StyleID="s60"><Data ss:Type="String">コレクター</Data></Cell></Row><Row><Cell ss:StyleID="s92"><Data
ss:Type="String">STR_ACHIEVEMENT_CREDITS</Data></Cell><Cell ss:Index="4" ss:StyleID="s60"><Data ss:Type="String">守望者</Data></Cell><Cell
ss:StyleID="s60"><Data ss:Type="String">Attentif</Data></Cell><Cell ss:StyleID="s60"><Data ss:Type="String">Beobachter</Data></Cell><Cell
ss:StyleID="s60"><Data ss:Type="String">ウォッチャー</Data></Cell></Row><Row><Cell ss:StyleID="s92"><Data
ss:Type="String">STR_ACHIEVEMENT_MG_SKIP_1</Data></Cell><Cell ss:Index="4" ss:StyleID="s60"><Data ss:Type="String">机智灵敏</Data></Cell><Cell
ss:StyleID="s60"><Data ss:Type="String">Petit génie</Data></Cell><Cell ss:StyleID="s60"><Data ss:Type="String">Helles Köpfchen</Data></
Cell><Cell ss:StyleID="s60"><Data ss:Type="String">キレ者</Data></Cell></Row><Row><Cell ss:StyleID="s92"><Data
ss:Type="String">STR_ACHIEVEMENT_MG_SKIP_2</Data></Cell><Cell ss:Index="4" ss:StyleID="s60"><Data ss:Type="String">意志坚定</Data></Cell><Cell
ss:StyleID="s60"><Data ss:Type="String">Nerfs d'acier</Data></Cell><Cell ss:StyleID="s60"><Data ss:Type="String">Stahlharte Nerven</Data></
Cell><Cell ss:StyleID="s60"><Data ss:Type="String">鋼鉄の意志</Data></Cell></Row><Row><Cell ss:StyleID="s92"><Data
ss:Type="String">STR_ACHIEVEMENT_MG_SKIP_3</Data></Cell><Cell ss:Index="4" ss:StyleID="s60"><Data ss:Type="String">谜题大师</Data></Cell><Cell
ss:StyleID="s60"><Data ss:Type="String">Maitre des énigmes</Data></Cell><Cell ss:StyleID="s60"><Data ss:Type="String">Puzzlemeister</Data></
Cell><Cell ss:StyleID="s60"><Data ss:Type="String">パズルマスター</Data></Cell></Row><Row><Cell ss:StyleID="s92"><Data
ss:Type="String">STR_ACHIEVEMENT_HO_HINT_1</Data></Cell><Cell ss:Index="4" ss:StyleID="s60"><Data ss:Type="String">注重细节</Data></Cell><Cell
ss:StyleID="s60"><Data ss:Type="String">Précision</Data></Cell><Cell ss:StyleID="s60"><Data ss:Type="String">Detailgenau</Data></Cell><Cell
ss:StyleID="s60"><Data ss:Type="String">鋭い注意力</Data></Cell></Row><Row><Cell ss:StyleID="s92"><Data
ss:Type="String">STR_ACHIEVEMENT_HO_HINT_2</Data></Cell><Cell ss:Index="4" ss:StyleID="s60"><Data ss:Type="String">观察者</Data></Cell><Cell
ss:StyleID="s60"><Data ss:Type="String">Observateur</Data></Cell><Cell ss:StyleID="s60"><Data ss:Type="String">Scharf aufgepasst</Data></
Cell><Cell ss:StyleID="s60"><Data ss:Type="String">観察者</Data></Cell></Row><Row><Cell ss:StyleID="s92"><Data
ss:Type="String">STR_ACHIEVEMENT_HO_HINT_3</Data></Cell><Cell ss:Index="4" ss:StyleID="s60"><Data ss:Type="String">目光敏锐</Data></Cell><Cell
ss:StyleID="s60"><Data ss:Type="String">Oeil de lynx</Data></Cell><Cell ss:StyleID="s60"><Data ss:Type="String">Adlerauge</Data></Cell><Cell
ss:StyleID="s60"><Data ss:Type="String">ワシの眼力</Data></Cell></Row><Row><Cell ss:StyleID="s92"><Data
```


图 6.6 多语言游戏文本和字符串控制指令的“完美结合”

2）游戏的娱乐性和多模态化

与其他类型的翻译相比，游戏翻译具有一定的特殊性。游戏文本囿于文本框、字符控制指令等限制，游戏本身具有娱乐性需求，因此游戏翻译要使用更为精准、简洁的文字，在较短时间内呈现出即时、易得的游戏效果，同时也要在有限空间里实现游戏内容的准确、有效传达。换句话说，就是既要让玩家觉得这款游戏“真好玩”（获得良好的游戏体验），又要让他们觉得这款游戏“不简单”（感受游戏语言特色）。由于游戏以休闲娱乐为主要目的，重在构建第二世界，因此翻译中的术语大多风格奇幻、远离真实生活，这就要求译者在游戏术语的翻译上多发挥想象力,译文既要形象贴切,又要生动有趣。另外,游戏语言属于多模态话语,在翻译的过程中不能只根据翻译文档里的文字语言,还应当参考相应游戏运行过程中具体的游戏画面、情境和声音产生的综合效果,以此确定最终的翻译,不能够与游戏内容、效果、风格以及语言产生违和感。

3）游戏的本地化处理

游戏的核心是其"游戏性"(gameplay),这一属性通过情节设计与游戏玩法等方式进行表达,游戏内的文本便是游戏性最为直观的体现。游戏翻译水平的优劣直接影响游戏译文文本的质量,在一定程度上决定了游戏产品是否能够迎合当地玩家需求,是游戏产品能否在目标市场生存的关键所在。如果在故事情节、装备物品属性、技能描述、游戏公告的翻译上出现问题,将极大影响玩家的游戏体验。同样,如果玩家在游戏过程中因为"机器翻译"产生出微妙的疏离感,也会导致游戏功能的传递受阻。因此,在翻译过程中必须谨小慎微,不忘根本,围绕"游戏性"进行翻译。游戏语言的翻译要更加注重游戏玩家的主体接受度以及游戏市场的适应度。因此在翻译游戏语言时,译者要更加贴近游戏玩家的心理,注重游戏玩家的理解和心理适应度,采取有创意而灵活的翻译方法,让游戏玩家迅速理解并接受游戏的内容与操作,不能够硬搬源语而让游戏玩家产生理解障碍或者操作不适。在中译英时,译文要通俗易懂,不能有过多文化负荷,不能增加玩家的认知负担,但也要尽量保持准确,再现原文的功能。例如,通常游戏中说的"匹配赛",就不能直接译成"Matchmaking Match",而应联想到在《守望先锋》中也有类似于这样的机制,其取名是"Quick Play""Competitive Play",这是欧美玩家能普遍接受的名字。"匹配赛"具体如何翻译,要看实际的游戏语境,译成"Quick Play"或者"Competitive Play",达到游戏指示的目的。外国游戏的技能一般在1～3词之间,十分简洁,便于显示、不超框,便于理解,便于玩家口头传播。有些角色的技能中有很多文绉绉的中国元素,如昆仑决、金钟罩,翻译成英文时要直接隐去或意译,按英文游戏技能命名习惯,突出技能的功能性。

4）团队通力协作

在多人翻译项目过程中,团队合作的重要性不言而喻。本游戏翻译项目为在线项目,组员之间完全通过网络进行沟通。一个大项目会拆分成多份小文档,分配给不同成员。大家处理的文档内容不同,具备的游戏背景各异,翻译行文风格多样。为保证游戏文本的完整性,术语的统一和文风的统一显得格外重要。

4. 翻译过程

游戏翻译的目的在于使目标玩家体验游戏。良好的翻译能够吸引玩家注意,激发游戏兴趣,使玩家感受到"游戏性",产生游戏可玩、好玩的观点,催生想玩、爱玩的情绪,进而达到消遣娱乐、益智动脑的游戏目的,体现游戏文化的传播功能,实现游戏产品的商业价值。翻译过程主要分为译前、译中和译后三个阶段。

1) 译前工作

a. 团队组建和任务分配

翻译团队核心成员 6 人,有超过半数的成员是骨灰级游戏玩家,对仙侠、解谜、电竞类游戏十分熟悉,对游戏用语的把握十分到位。由 1 名 CATTI 英语笔译二级证书持有者负责中英文本润色工作,其拥有丰富审校经验,对游戏行业有一定了解;另有 1 名外籍游戏从业者负责英文文本的审校和润色工作;其余 4 人均有游戏翻译、本地化工作经验,根据时间安排负责翻译与审校工作。项目人员组建后,根据具体工作的变化或增加机动安排任务,保证按时高效完成工作。团队按游戏类型(仙侠类、解谜类、对抗类)将翻译任务分给对应领域的 3 位译员,并安排 1 位机动组译员平衡翻译工作量。以译、审人员不重复的基本标准分配审校任务,把后期排版处理要求较高的文档审校任务分配给项目经理和翻译任务量较少的译员,保证项目进度。项目经理负责跟进项目进度,与客户保持沟通、询问反馈,及时搜集译审过程中的问题并组织讨论解决,管理所有语言资产。

b. 资料搜集

针对游戏术语的难点,译员在译前查阅相关资料,了解历史文化背景,丰富自身的知识储备。为保证译文的准确性和高度适用性,小组在译前进行了游戏语料库的搜集与制作。语料库搜集与制作主要有两种方式:一是借助天若 OCR 文字识别工具、文本整理器、Tmxmall 在线对齐网站,截取对应网站中的图片信息,将其转换为文字,进行语料清洗,再以句为单位进行语料对齐,生成格式标准的双语平行语料库;二是在 Tmxmall 首页的语料检索与共享功能区,进入语料商城,进入游戏分类专区,根据小组任务类型购买对应的游戏语料库。

本组译前游戏语料库的来源陈列如下:

- https://www.wuxiaworld.com/♯
- https://wenku.baidu.com/view/f23c55762b160b4c767fcf9a.html
- https://www.tmxmall.com/store/detail? id＝MjAwNTA5MDAwODQ4MzE-5OTY＝%0A
- https://www.tmxmall.com/store/detail? id＝MjUxMDY5MDAw

c. 标准统一

在译前,小组以线下会议的形式对术语和翻译标准进行了基本规定。由于游戏翻译涉及非常多专业术语,且术语必须标准明确(否则可能造成玩家在理解上的偏差或破坏玩家游戏体验),故在译前进行初轮术语统一是不可回避的工作。由于尚未充分了解待译文本,故译前的术语统一更多局限于常用指令,抑或是制定遇到新术语的标准。

团队采取的方式是根据词频,先使用语帆术语宝提取词频高的词,筛选出符合条件的术语,再统一开会确定术语表达。术语统一的标准多样且严格按优先级顺序排列执行,首先以客户意见或客户提前给定的资料中的统一的标准为准;其次可结合游戏体验和游戏上下文;再者可参考已搜集的权威游戏语料库;仍难以定夺的,可通过小组会议讨论的方式确定。

除词频较高的词汇外,其他有待统一的内容为:人名、游戏操作指令、数字表达方式。部分人名和游戏操作指令因出现频率不够高而无法被语帆术语宝识别,故需额外提取为术语。

另外,在翻译过程中遇到新人名时,随时以线上方式进行汇报,实时更新术语库。其他术语例如道具、场景等,除可按固定标准进行处理的部分之外,皆需"有创意地进行创译",符合"文风中二、理解无碍"的基本标准。所有译员在规定术语之后实时加入术语库,实现"创译"内容的共享和统一。

d. 技术支持

本项目译前的技术难点集中在对原文文档的处理上。

首先,文档格式多样,现有 YiCAT 账号不支持导入这些格式,任务拆分与分配受阻。于是小组向 YiCAT 工作人员申请试用 YiCAT 企业基础版,解决了除 loc 格式外所有文档的导入问题。

其次,主流翻译平台或软件均不支持导入 loc 文档,且此类文档含极多程序指令,非译元素多。译前,使用 Word 通配符:\\⟨TEXT_VALUE⟩*⟨TEXT_VALUE⟩*\\⟨/TEXT_VALUE⟩⟨/TEXT_VALUE⟩,批量查找并保留需要翻译的语句。译后再使用 Python 做后续排版处理。

再次,客户提供的原文文档中有程序标签编写错误,导致 xml 文档无法导入 YiCAT,频频报错。为解决此问题,小组使用 XMetaL Author 软件打开此 xml 文档,检查并手动修改其中程序标签的错误,最终成功导入该文档。

2) 译中工作

在翻译游戏条文过程中,遇到一些特殊的地方须区别处理,主要是术语翻译、语境化处理、创译、保留原文文化特色、本地化翻译策略等。

a. 术语翻译

游戏翻译缺乏行业内相对统一的术语标准,这是由游戏的独特性所决定的。一款游戏如果想从众多游戏中脱颖而出，就必须在把握玩家预期的同时，尽力凸显自己独一无二的游戏性。例如，一种可以驾驭魔法（magic）、通常消耗法力值（Mana/MP）进行远程攻击（Ranged Attack）、承担伤害输出（DPS）职责（role）的职业（Class）或单位（Unit）可以被称作"法师""魔法师""魔术师""幻术师""秘术师""咒术师""巫师""巫觋"，对应的英文也有"Mage""Magician""Illusionist""Conjurer""Thaumaturge""Enchantress""Sorcerer""Wizard"等许多词汇。尽管不同游戏拥有不同术语，但在一般情况下，应该在同一款游戏中确保术语的完全统一，在同一类游戏里保持术语的相对稳定。在奇幻主题游戏的装备、技能描述中经常出现的术语如表 6.2 所示。

表 6.2 奇幻主题游戏的装备、技能术语

中　文	英　文	中　文	英　文
攻	ATK	攻击	Attack
防	DEF	防御	Defense
智	INT	智力	Intelligence
敏	AGI	敏捷	Agility
力	STR	力量	Strength
速	SPD	速度	Speed
经验	EX/XP	经验值	Experience
躲闪/躲避	Dodge	招架/格挡	Parry
范围攻击	AoE	范围攻击	Area attack/area-of-effect

【例 1】

原文：Area attack with a cooldown that deals Physical damage in the target area.

译文：范围攻击，具有冷却时间，可以在目标范围内造成物理伤害。

【例 2】

原文：Defense %s（＋%s DEF）\nIncreases chance to Dodge, Block and Parry by %.2f%%\nDecreases chance to be hit and critically hit by %.2f%%\n|（Before diminishing returns）|r

　　初译：%s 点防御（＋%s 防御力）\n 躲闪、阻挡和招架几率提高 %.2f%% \n 被命中率和被爆击率降低 %.2f%% \n|（在收益递减之前）|r

　　修订：%s 点防御（＋%s 防）\n 躲闪、格挡和招架几率提高%.2f%%\n 被命中和被

爆击的几率降低%.2f%%\n|（在**效果递减**之前）|r

　　初看例 2 的时候，有些人可能会感觉里面的字母符号组合十分碍眼，好像是乱码一样，但实际上它们是与装备数值相关的字符串（%开头）和换行符（\n）。我们不妨将游戏文本看作代码的一部分，电脑程序按照一定的规则读取代码，而字符串和换行符就是图钉和标记。我们先在这里将它们看作一个整体，后面还会对它们的作用进行解释。

　　例子中画线部分都是常见的游戏装备和技能描述词语，在翻译时应保证准确、统一，甄别"阻挡"和"格挡"、"收益递减"和"效果递减"之间的不同。当近似度较高的术语"格挡"和"招架"同时出现时应保持游戏玩家的敏感，结合相关游戏文本和实际技能动作、法术效果进行精准翻译。

　　在翻译过程中，可能会遇到一个术语的多种翻译版本，并且都属于约定俗成的译法，有些时候这些多版本术语可以通用，但也有可能"出了圈"就会产生"违和感"。举例如下：

【例 3】

原文: Water Grimoire

　　　　Fire Grimoire

　　　　Take FIRE GRIMOIRE.

　　　　Air Grimoire

　　　　The only way to find these spirit gems is to consult three ancient books of magic—The Grimoires.

初译: 《水系魔典》

　　　　《火系魔典》

　　　　拾取火魔导书。

　　　　空气魔导书

　　　　找到这些灵石的唯一方法，就是查阅三本古老的魔法典籍——《格里莫尔秘录集》。

修订: 流水魔典

　　　　炎火魔典

　　　　拾取《炎火魔典》。

　　　　清风魔典

　　　　唯有仔细查阅三本上古魔法典籍，《魔典·万魔之源》，才能找回这些灵石。

　　以上词语和句子来自同一款西方魔幻游戏,其中"Grimoire"一词所对应的"魔典""秘录""魔导书"在已发行游戏中均有出现,如表 6.3 所示。

表 6.3　"Grimoire"一词的对应译文

中　　文	英　　文	出　　处
拉风魔典	Gusting Grimoire	《魔兽世界》
苍之魔导书	Blue Grimoire	《苍翼默示录》
亡者秘录	Grimoire of the Dead	《万智牌》

　　在这一项目的翻译过程中,游戏文本在拆分之后交予三位译员进行翻译,汇总时得到了截然不同的结果。翻译成"魔典"的人只知道这是会出现在游戏内的某种魔法类书籍,译出"魔导书"的人当时正好在追番①,而"秘录"的翻译者常以"旅法师"自居。如果对这几款游戏有所了解,相信已经厘清了其中文字与游戏特色的联系。这里再详细解释一下:《魔兽世界》是一款著名的多人在线(MMO)角色扮演游戏,拥有独立的西方奇幻游戏背景和详实的故事情节,市场占有率很高;《苍翼默示录》是一款由日本公司开发的格斗游戏,曾出过同名电视动画;《万智牌》是一款集换式卡牌游戏,"旅法师"是"鹏洛客"的旧称,这一名称既可以指代游戏内具有强大能力的法师,也可以用来指代牌手。

　　经过讨论之后,团队选取了"魔典"进行术语统一,并根据文本内容进行改造,再考虑文字的出现位置增减标点符号;删除出现在空间相对紧凑的物品栏内的书名号,添加任务描述中的书名号;根据游戏物品在任务中体现出的属性特质,为采用音译译法的魔法书加上注释;将"空气"调整成"清风"。从案例中也可以看到,当物品名称表和物品描述表被分割交给不同成员完成的时候,可能会存在物品名称与物品描述无法匹配的情况,这一点尤其需要提请责任组长注意。

【例 4】

原文:法印

初译:Dharmamudra

修订:Sigil

---

① 　网络词汇,指观看日本连载动画的行为。

这是一款国内出海游戏,游戏主题也是西方奇幻。初译版本为佛家专有名词"法印"梵语的变体,后在修订时因"太出戏"①而被淘汰。相关类型游戏中使用过的表达如表 6.4 所示。

表 6.4 相关类型游戏曾使用过的表达

中　　文	英　　文	出　　处
守护者法印	Guardian's Magemark	《万智牌》
昆恩法印	Quen Sign	《巫师三:狂猎》
空气法印	Sigil of Air	《激战 2》
守夜法印	Vigil Signet	《刀塔 2》

由以上案例可见,游戏翻译在选取术语时,必须考虑特定游戏的故事背景,使用切合游戏内容的翻译,否则就好像将"修道士"称作了"道士",让西洋圣骑士拿着日本武士刀,根本不符合游戏设定。

在进行游戏翻译时,译员还要对游戏领域的缩写、行话等进行了解,以便在翻译时了解原文,确保译文的准确性,同时在同一词语的多种表达方式中选用普遍运用的、公认的进行翻译,译出更具有专业性的文字(见表 6.5)。如 Puzzle Game 为解谜游戏,而其他游戏类型包括 AVG(冒险游戏)、RPG(角色扮演游戏)、SPT(运动游戏)等。本次解谜游戏的翻译中,主要与缩写术语相关的难点在于 HOP,该缩写常用于该系列的解谜游戏中,但相对于大类的游戏类型难以查证。HOP 为 Hidden Objects Puzzle 的缩写,即"寻物游戏",若无相关知识可能将其直译为"跳""啤酒花"等,需要小心处理。

表 6.5 原文-预翻译-改译

原　　文	预 翻 译	改　　译
Easy/Normal/Hard	简单/普通/困难	休闲/进阶/高级模式
Hint and Skip recharge quickly.	提示和跳过快速充电。	提示和跳过按钮缓冲快/冷却时间短。
A on B.	把 A 放在 B 上。	对 B 使用 A。
select	选择	点击

b. 语境化

游戏文本是游戏的重要组成部分。翻译时要将游戏内容原原本本地展现在玩家面

---

① 网络用语,指突然冒出的不合情理的台词或情节。

前,避免玩家在游戏时因受译文误导,产生不必要的误解或做出错误的操作。比如:

【例5】
原文:Draw 2 cards. Costs (1) less per Attack of your weapon.
初译:抽2张牌。<u>你每用武器攻击一次</u>,该牌的法力值消耗便减少(1)点。
修订:抽2张牌。<u>你的武器每有1点攻击力</u>,该牌的法力值消耗便减少(1)点。

这是一张卡牌的技能文本翻译,不同的技能描述会使得玩家在选牌、出牌时采取不同决策,但实际上卡牌只会按照既定规则产生相应技能效果,错误的描述会影响玩家判断,进而影响游戏体验。

要强调的是,在翻译过程中经常会遇到一些之前遇到过的词汇或者看起来平淡无奇的词汇。但是游戏文本有其特殊性所在,绝不能想当然地进行翻译。在翻译文本的同时,也需要留意在游戏文本之前的UI提示以及相应的图片辅助说明。例如:

【例6】
原文:〈TEXT_KEY〉inventory_firepoker〈/TEXT_KEY〉
　　　　〈TEXT_VALUE〉Poker〈/TEXT_VALUE〉
初译:〈TEXT_KEY〉inventory_firepoker〈/TEXT_KEY〉
　　　　〈TEXT_VALUE〉扑克牌〈/TEXT_VALUE〉
修订:〈TEXT_KEY〉inventory_firepoker〈/TEXT_KEY〉
　　　　〈TEXT_VALUE〉拨火棍〈/TEXT_VALUE〉

Poker既可以指扑克牌,也可以指拨火棍,从〈TEXT_KEY〉中我们可以看到这是指出现在inventory物品栏内的firepoker(火钳),而inventory里都是武器,所以扑克牌不妥,应选择"拨火棍"。

【例7】
原文:〈id〉case_hint〈/id〉
　　　　〈text〉〈![CDATA[Combination]]〉〈/text〉
初译:〈id〉case_hint〈/id〉
　　　　〈text〉〈![CDATA[组合]]〉〈/text〉
修订:〈id〉case_hint〈/id〉

〈text〉〈！[CDATA[密码锁的字码组合]]〉〈/text〉

〈id〉中的 case_hint 表明这个 Combination 是用来开启宝箱的提示,应该在译文中进行有效传达。

【例 8】

原文:1 magazine

初译:1 份杂志

修订:1 个弹夹

原文: Truncheon

初译:战仪杖

修订:短棒

Magazine 是一词多义现象,结合其物品后期出现的互动性文本,译者才知道这是一个需要上弹的弹夹,而不是一份可供阅读的杂志。而在看到"战仪杖"的物品配图之后,译者也对 Truncheon 进行了修改(见图 6.7)。

图 6.7　Truncheon

【例 9】

原文:〈Tool〉dummy_use_small_ball〈/Tool〉

　　　〈Tooltip〉I'll need something to distract <u>him</u>.〈/Tooltip〉

初译:〈Tool〉dummy_use_small_ball〈/Tool〉

　　　〈Tooltip〉得找点东西分散<u>他</u>的注意力。〈/Tooltip〉

修订：〈Tool〉dummy_use_small_ball〈/Tool〉

〈Tooltip〉得找点东西分散<u>它</u>的注意力。〈/Tooltip〉

由于英文中代词并无人称的"他""它"之分，因此在翻译的时候会造成一些困难，有的时候只能在翻译时写好备注，交付开发人员或者测试人员进行实机求证。这里的Tool提示：玩家要使用小球分散游戏内某角色的注意力。再结合相关文本，得知玩家要扔出一个小球，引开狼狗，遂改为"它"。

c. 灵活创译

创造性的翻译在游戏文本翻译过程中十分重要，这也是让目标市场玩家真正体验游戏内文字乐趣的关键所在。

【例 10】

原文：The last one was given to something <u>CUNNING</u>.

初译：给予最后一人"<u>灵巧之物</u>"。

修订：最后一人怀抱喵呜"<u>狸奴</u>"。

这是游戏中一份可互动的字谜。玩家在看到这个字条之后，要在对应界面点选图标。在翻译过程中译者注意到大写的 CUNNING 指代一种可互动性物品或者是一条重要提示，但是当时并没有看到游戏画面。后来在实机审校过程中看到是和一份上古卷轴上的人物进行互动，那个人怀抱着一只猫，而玩家需要去点击那只猫完成谜题，遂改为"狸奴"，并加上猫咪喵喵叫的拟声词进行辅助提示。

【例 11】

原文：Interactive presentation—Magic of the World.

～Follow the clues and get the chance to interact with the fabled spirit stone. ～

MASTER the arts ATTAIN clues GAIN knowledge INTERPRET signs COMPLETE the puzzle

初译：万国魔术博览　带来全新体验

～紧跟线索，就有机会和传说中的精神宝石进行互动～

"掌握"艺术　"获取"线索　"增加"知识　"解读"符号　"完成"谜题

修订：万国魔术博览　带来全新体验

～紧跟线索,开动脑筋,就有机会和神奇灵石亲密互动呦～

万千神祇　国国相别　魔力无边　术法通天　博采众长　览观盛况

这是游戏内的一份宣传单。在翻译时注意到了大写字母可能是谜语提示标志。但实际上这几个大写的词语应该竖起来看,拼成 MAGIC 这个英文单词,后处理为藏头诗。

【例 12】

原文: Book Ⅱ—Fire sorcery

Only the fine sand-eating scarab can expose the writing in the book.

Scarabs can withstand five strikes of a scorpion's tail.

译文: 第二册——炎火之术

金沙漫漫,密文暗藏。

小虫食沙,徐徐探知。

毒蝎扬尾,趄趄猎食。

若受刃刺,五触即亡。

这是游戏内一本魔典上的文字。在获得物品之后,玩家可以激活一个互动性小游戏。在翻译时对文本文字进行了再次编辑创造,获得了一定的游戏效果。

在不断进步发展的解谜游戏中,游戏创作者会创造出很多专门术语来说明游戏剧情的特殊道具和场景名称。少数游戏道具的翻译可根据完整的剧情文字进行推断分析;但大多数道具需要在无前后文的情况下,根据具体内容进行具体分析,在不同的释义中进行选择,根据游戏画面进行创译,让游戏玩家在游戏画面进行道具寻找时更容易理解(见图 6.8)。

原文:letters(图 A)	预翻译:字母	改译:信件
原文:pins(图 B)	预翻译:别针/胸针	改译:插销/阀门
原文:shield plate(图 C)	预翻译:护板	改译:盾牌铭牌
原文:trinkets(图 D)	预翻译:饰品	改译:宝箱
原文:Talking Wind Tribe	预翻译:说话的风部落	改译:风语部落

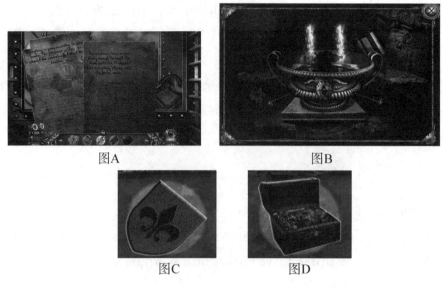

图A   图B

图C   图D

图 6.8   道具的翻译

d. 保留文化特色

1911 年,乔托·卡努杜发表了《第七艺术宣言》的著名论著,第一次宣称电影是一种艺术,是一种综合建筑、音乐、绘画、雕塑、诗歌和舞蹈这六种艺术的"第七艺术"。而在近现代词典中,常将电影称为继文学、音乐、绘画、戏剧、建筑、雕塑、舞蹈之后的"第八艺术"。电子游戏诞生于 20 世纪 60 年代末,以互动性和模拟性为主要特征。随着科技的不断发展,运用到游戏中的画面和音频技术越来越成熟,游戏逐渐被人们称为"第九艺术"。游戏作为一种新兴的艺术形式,在内容表现上几乎可以囊括前七种传统艺术的优势。艺术最离不开的就是文化,游戏的文化要素也越来越丰富,甚至成为译员在翻译游戏作品时的重要考量。

【例 13】

原文:雅乐

初译:Gagaku

修订:Fine Music

这里的雅乐是指人物的技能。游戏内的角色以琴为攻击武器,弹奏琴音击败敌人。结合游戏人物背景,舍弃了日本雅乐的专有名词,选取了更符合仙侠游戏人物设定的词语。

【例 14】

原文：Getting Your Hands Dirty

译文：面朝黄土

Getting Your Hands Dirty 是一句英文习语，可以表示亲力亲为、自己动手。本小句在游戏中是一个成就的名称，指代玩家完成了多次考古挖掘工作。在翻译时选取了"面朝黄土背朝天"的前半句，暗示了考古挖掘工作的辛苦，也对勤奋的玩家表示了肯定。

e. 格式本地化

作为游戏内容的重要组成部分，游戏译文文本的好坏在很大程度上决定了一款游戏能否获得目标玩家的喜爱，进而对游戏在当地市场的受欢迎程度产生影响。在翻译中，尤其要注意文本格式。各种内置字符串绝对不能发生改变，以免导致游戏文本读取失败。又比如：

【例 15】

原文：获得：（银剑）

初译：Reward:Silver Sword

修订：Reward: Silver Sword

修订版和初译版的差异在于冒号的后面是否留有空格。加入空格之后，当这个字段再和其他字段组合时，比如"Reward: Silver Sword"就比"Reward:Silver Sword"更符合英文阅读习惯，更美观自然，为玩家的阅读减少了压力。

f. 键值对（key-value）保留不译

在本次解谜游戏的程序中，为了方便索引，使用了键值对的模式进行构造。其中，键（key）为"索引"，且只能使用字符串、数字或元组，在一个程序中是唯一的；而值（value）为"数据"，可以取用任何数据类型，在此即为游戏界面上显示的文字。因此，由 text_key 标记的键实际上是非译元素，而由 text_value 进行标记的值则是需要翻译的对象。为了译后游戏程序仍然可运行，避免产生故障，需要对自动导入翻译软件的原文进行辨别。除了可根据上下文进行分析之外，也可在必要的时候打开游戏程序文件进行观察。

除了 key 为非译元素外，value 中有时也包含非译元素，尽管从视觉上易于分辨，但在断句和翻译上仍然需要仔细处理，以免截断程序或在游戏画面显示时句子不通顺、意

task07	**任务**~~task~~07
Go to Alvarez's villa.	去阿尔瓦雷斯的别墅。
task08	**任务**~~task~~08
Help Dave.	帮帮戴夫。

图 6.9　翻译对应元素

义有误。这一问题的解决除了可根据计算机编程方面的经验,也可对游戏进行实际体验,根据其在游戏中的具体显示进行处理。如图 6.10 所示,♯fff 7ff26 为颜色的指示,根据解谜游戏的经验可分析得到,类似的句子来自寻物游戏(HOP)中的文字提示,其中缺失的由标识符替代的部分在实际的画面中显示为物体剪影的图片,因此可由标识符中的相关提示为依据进行有连续性的翻译。

| I read many #fff7ff26*®id_ho_601_f_4_book®books* about the Aztecs' harmony with nature, and absorbed their knowledge like a #fff7ff26*®id_ho_601_f_4_sponge®sponge*. | ~~I read many~~ 我读过很多有关阿兹特克与自然和谐相处的 #fff7ff26*®id_ho_601_f_4_book®books* ~~about the Aztecs' harmony with nature,~~ 像~~and absorbed their knowledge like a~~ #fff7ff26*®id_ho_601_f_4_sponge®sponge* 一样吸收他们的知识。~~.~~ |
| One day, I'll find the answer to save the #fff7ff26*®id_ho_601_f_4_balloon®Earth*! | 总有一天,我会找到拯救~~One day, I'll find the answer to save the~~ #fff7ff26*®id_ho_601_f_4_balloon®Earth* 的办法!~~!~~ |

图 6.10　缺失内容的替代

更常见的做法是在事前进行文本清洗,或者用 CAT 软件将其转化为不可修改的tag,memoQ 就有这样的功能,可以减少发生错误的几率。

3) 译后工作

a. 审校

翻译完成后的工作是审校;或者也可以如同本次游戏项目的翻译,为了节省时间、加快进度、及时发现错误,采用译审同步的方式,在译员进行翻译的过程中,对已翻译的部分进行跟踪和审校,以便译员在后续翻译中根据之前的审校内容进行修改。当然,在双方均不确定的部分,也可组织小组讨论,确定具体问题的解决方法。

由于译员的创造性已在翻译的过程中进行了展现,因此审校时能动性的发挥就弱于翻译的过程。审校主要关注的问题在于查漏补缺,具体内容包括检查译员是否由于翻译内容过多而有所错漏、理解是否有误、术语是否全部进行了统一。当然由于译员可能会产生疲劳,在语言风格方面,审校也可以从另一个角度检查是否翻译痕迹过重。此外,为了后续语言资产的收集和处理,审校要将需要的术语添加进术语库,对多余或错误的术语进行删除或修改。进行二次确认保证无误后,才可进行提交。

b. 语言资产管理

记忆库:在创建项目时创建新记忆库,设置启用并写入。在启用交互式翻译引擎时,记忆库的内容和机器翻译的内容可结合在一起,提供更优质的参考译文。所有经过译后编辑和组内审校的译文都会自动存入记忆库,在将译文导出后,再次进入记忆库,确认其中内容无误后,将记忆库导出为 TMX 双语对照文档。

双语句对库:如双语对照文档已实现句对齐,则可直接保存为双语句对库。如果没有,则将该记忆库导入 Tmxmall 在线对齐平台。在确认段落数量统一后,点击句对齐。结合实际情况,对其中对齐不合理的部分,以合并或拆分的形式进行手动调整。再自动去除重复句段、原文相同译文不同句段、译文相同原文不同句段等。最后产生以句子为单位对齐的双语平行语料库。此语料库为宝贵的语言资产,可在日后遇到重合度高的文本时重复利用,减少不必要的人类劳动,提高翻译的精确度和专业度。

术语库:在译前,小组已开会将部分术语进行统一;在译中,译员适当补充符合成为术语条件的各类专有词;在译后,以全组商议的方式再次确认已录入数据库的术语有无不统一、不规范之处,确认有无遗漏的术语。术语库中的内容经确认无误后,可直接导出为 Excel 文档,可在日后遇到同领域的文本时再次启用,保证术语翻译的一致性、专业性和准确性。将处理完成的双语句对库和术语库保存,并与之前项目的进行分析对比。本次项目生成的句对库与术语库能服务于之后的翻译实践,也可用于培训新译员。

c. 排版

译员使用 YiCAT 完成文档的翻译和审校后,由项目经理将 Word 和 Excel 格式文档导出后即为与原文档相同的排版格式,不必进行字号和字体的进一步调整。而对于本地化文档的排版,在译员使用 YiCAT 完成文档的翻译和审校后,将本地化文档的原文和译文导出,经过语料清洗和语料对齐后,使用 Microsoft Excel 工作表制成中英对照的 dictionary,再将表格导入 Python,由译员编写出专门的替换代码后,使用 for loop 进行批量替换,导出后的文本即为代码排版和译文排版均正确的本地化文档。

d. 项目交付

项目组按照对接清单将译文、双语句对库、术语库提交发送至邮箱,获取信息反馈,并赠送超值语言资产大礼包以维护客户关系。在项目结束后召开小组项目总结会,搜集团队内成员对翻译过程和项目管理过程的反馈意见,认真总结经验,反思不足,以提升之后项目的效益。项目交付成功,客户转账 12,687.2 元,每位成员查收薪资

2,537.44 元。因"先征后退"政策,每人税后薪资依然是 2,537.44 元。

5. 项目反思

游戏的种类丰富多样,拥有广泛受众,具有自身独特氛围,在玩家中形成了一些游戏"圈子",自然而然地塑造出独特的游戏"行话"。因此在接触游戏文本的时候,首先要对相关游戏有着较为清晰的认知。游戏和玩家是游戏翻译最大的宝库,如果译员具备相关类型游戏经验,拥有游戏百科积累,熟悉游戏界约定俗成的名称,并且能够充分利用网络平台,如相关游戏网站、论坛、讨论组等资源,那么翻译出来的文本就能够更加贴合游戏风格,符合玩家期待,达到翻译效果。

游戏翻译的译者绝不能仅仅做文字上的搬运工,要融入整个游戏开发环节之中,既和厂家站在一起,也和玩家站在一起。作为沟通两者的桥梁,游戏译员既要会沉浸浓郁,含英咀华,也要涉猎群书,灵活应变;在翻译过程中既应求真务实,循规蹈矩,也需天马行空,不落窠臼。由于游戏翻译重复率比较高,可以选择合适的引擎,借用机器翻译加译后编辑处理模式。项目组成员在多次将小牛翻译、有道翻译、百度翻译的结果进行对比后,发现在处理游戏翻译这一垂直领域时,有道和百度翻译的结果更为准确。游戏翻译的成功与否关键还要看译者的能力大小。要做好游戏翻译,必须具备以下能力和素养:

(1) **优秀的信息检索能力。**有些既定用法的文本大量存在于游戏的支付提示语、系统提示语、界面 UI、兵种属性等之中,翻译时善于搜索寻找已经存在的固定说法即可,例如,"预计匹配时间"直接去 Google 搜索,就会发现译成"Estimated Wait"既准确又好懂。

(2) **一定的游戏体验积累。**游戏翻译如同任何其他类型文本的翻译一样,要深入了解游戏,既要了解厂家为何开发这个游戏,还要体验玩家怎样玩这个游戏。通过体验不同的游戏,就会渐渐"入行",翻译时能够很快联想到可供模仿或复制的平行文本,成为更好的游戏翻译高手。

(3) **善于思考和提炼总结的能力。**对于千变万化、包罗万象的游戏内容,不能死译硬译,要善于思考和总结,提炼不同语种对同一游戏类型的描述规律和模板,比如技能描述、兵种描述、符文描述、使用技巧等等。虽然难以找到完全一样的文字借鉴,但是可以提炼出前人的写作格式,翻译时复用在另外一个同语种游戏中。

(4) **广博的知识面和深厚的文化、历史知识积累。**翻译游戏的人不仅要会玩游戏,还要懂得游戏内容所涉及的方方面面知识。例如在翻译各种兵种名、技能名、成就名、皮肤名时,要提炼这些名称中所指示的概念,联想不同语种中同一语境的表达方法,做到信手拈来,融会贯通。这就要求译者博览群书,胸有成竹,才会"下笔抒词,自善互备"。

本项目拓展题

个人思考题

(1) 如果你对游戏翻译还不是很熟悉,先选择从下面数据库中选择两个去浏览一下,可以帮助你快速积累并提升游戏本地化水平。

- 《魔兽世界》数据库:http://www. wowhead. com/
- 《万智牌》数据库:http://magiccards. info/
- 《炉石传说》数据库:http://www. hearthhead. com/cards
- 英雄联盟(moba 类)的数据库:https://leagueoflegends. fandom. com/wiki/League_of_Legends_Wiki
- 一个游戏的维基网站:http://www. gamepedia. com

(2) 游戏翻译最大的挑战就是专业词汇的翻译。请问除了平时的积累以外,还有哪些办法? 以下为动画制作的专业词汇:anticipation、followthrough、smears、overshoot、holds。请通过不同的方法翻译这些词汇并总结专业词汇翻译策略。

(3) 去玩玩《暗黑破坏神 3》《泰坦之旅》《火炬之光》等经典 ARPG。在享受游戏的同时,整理一下里面涉及的系统、提示语、名词、技能等词汇,查找中英文翻译案例以备使用。

小组合作题

(1) 一个游戏从业者分享了一个游戏翻译本地化的翻译技巧案例:

原文:"技能描述:爆裂特种兵投掷一发咒印炸弹触发一个爆炸力场,对其半径{1}范围内最多{2}个敌人造成{3}点伤害。"(《战争艺术:赤潮》一段游戏中爆裂特种兵的手动技能的技能描述。)

平行文本:"Reapers can hurl G‑4 cluster bombs. G‑4 cluster bombs deal 155 splash damage to all units and structures in a radius of 3. "(《星际争霸2》中 Repears 的一段技能描述)

从平行文本中提炼出这样一个叙述方式：

Unit X does something. Something deals X damage to X in a radius of X.

将其应用在我们的爆裂特种兵的技能上就是这样一个结果：

译文: Grenadier can throw a fragmentation bomb. Fragmentation bomb deals {3} damage to at most {2} enemies in a radius of {1}.

请根据这个思路和模式，从表 6.6 的游戏类型中再举几个类似案例，提炼更多有用的翻译模板，分享给更多的游戏译者。

表 6.6　游戏类型模板

游 戏 名 称	游 戏 类 型	语 言 对
Age of Wulin 九阴真经	MMOs	简中-英语
Zero-based World 从零开始	沙盒	简中-英语
sim-Hearth Stone game 类炉石传说游戏	卡牌	英语-简中
Undisclosed dating simulator 未公开恋爱模拟游戏	恋爱模拟	英语-简中
Undisclosed MOBA 未公开 MOBA	MOBA	英语-简中
Hidden Expedition 16－19 探秘远征 16－19	RPG	英语-简中
Ms. Holmes 1－2 福尔摩斯女士 1－2	AVG	英语-简中
Phantasmat 13 Remains of Buried Memories 幻象 13：魂骸之遗	AVG	英语-简中
The Andersen Accounts 3 A Voice of Reason 安德森诡话 3：谋声纪实	AVG	英语-简中
Vermillion Watch 5－6 血色警戒 5－6	AVG	英语-简中

（2）游戏本地化翻译就是将游戏或者产品翻译以后，推向国际化全球市场，获得更多的用户，收取更多收益。但是，采用什么样的模式开展本地化工作更能节约成本呢？

请讨论以下几种模式的优劣：

- 自主进行中译英；
- 使用玩家志愿者进行英文校对；
- 使用玩家志愿者解决不紧急的翻译需求；
- 使用外包商解决紧急的翻译需求。

（3）"完美世界"旗下发行了一些中国风游戏产品，请去网站下载一款你喜欢的游戏产品。打完游戏后，整理一下游戏中涉及的中国元素，思考如何将这些中国元素翻译成英语，让更多玩家喜欢上这款游戏。

第 7 章　财经年报翻译项目

导语

财经年报翻译项目有两个特点：

（1）原文结构化写作特点明显，一般都有和以往年报重复的内容，通过相关记忆库辅助翻译，将会提高速度和效率。

（2）专业性较强，要求掌握相关专业术语并借助翻译工具。

教学建议

（1）让学生去收集有关财经年报，总结其写作特点和主要内容，加深对年报的认识。

（2）利用项目提供的参考文件，并结合自己的搜索，制作财经年报术语表和记忆库。

（3）选择部分内容，通过机器翻译＋译后编辑的形式进行翻译，讨论翻译质量和效果。

（4）总结财经年报翻译的主要特点及注意事项。

翻译概要

（1）项目 5 天交稿。

（2）交付格式：纯译文，其中组织架构图须翻译；其余不可编辑图片无需处理。

（3）文件用途：官网对外公示。

（4）质量要点：

- 注意财报术语专业性,译文须符合年报的表达风格;
- 注意该行特定专有名词,如人名、公司名翻译的准确性;
- 严格避免数字、语法等低级错误,尤其是财务数字的准确性;
- 把握项目进度,避免延迟交稿。

翻译项目内容选摘

某股份有限公司二〇一四年度财经报告

目　录

资产负债表

编制单位:某股份有限公司　　　　　　　　　　　　　　　　　　　　　　　　单位:人民币元

资　　产	附　注	2014 年 12 月 31 日	2013 年 12 月 31 日
资产			
现金及存放中央银行款项	七.1	5,672,890,690.84	4,221,352,568.26
存放同业及其他金融机构款项	七.2	2,402,436,031.67	530,351,193.20
贵金属		—	—
拆出资金	七.3	132,000,000.00	132,000,000.00

续　表

资　产	附　注	2014 年 12 月 31 日	2013 年 12 月 31 日
交易性金融资产	七.4	1,188,097,107.95	—
衍生金融资产		—	—
买入返售金融资产	七.5	5,533,826,677.81	11,013,914,653.12
应收利息	七.6	61,858,792.26	79,442,472.85
发放贷款及垫款	七.7	12,253,050,047.51	9,698,638,766.67
可供出售金融资产	七.8	1,145,175,210.00	547,246,600.00
持有至到期投资	七.9	664,573,963.58	488,088,325.77
应收款项类投资	七.10	5,431,280,000.00	2,767,677,000.00
长期股权投资	七.11	3,417,597,500.00	1,945,993,500.00
投资性房地产		—	—
固定资产	七.12	856,771,219.00	651,012,306.33
无形资产	七.13	22,144,297.92	1,926,681.93
商誉		—	—
递延所得税资产	七.14	56,957,617.76	53,082,800.00
其他资产	七.15	887,481,332.59	496,352,781.09
资产总计		39,726,140,488.89	32,627,079,649.22

公司法定代表人：　　　　主管会计工作负责人：　　　　会计机构负责人：

某股份有限公司

2014 年度财务报表附注

财务报表的编制基础

本行财务报表以持续经营为基础，根据实际发生的交易和事项，按照财政部颁布的《企业会计准则》及相关规定，并基于本附注"四、重要会计政策及会计估计"所述会计政策和会计估计编制。

本财务报表为母公司个别财务报表。

遵循企业会计准则的声明

本财务报表符合企业会计准则的要求，真实、完整地反映了本行 2014 年 12 月 31 日的财务状况以及 2014 年 1 月 1 日至 2014 年 12 月 31 日的经营成果和现金流量等有关信息。

重要会计政策和会计估计

1. 会计期间

本行会计年度采用公历年度,即每年自 1 月 1 日起至 12 月 31 日止。

2. 记账本位币

本行以人民币为记账本位币。

3. 记账基础和计价原则

本行会计核算以权责发生制为记账基础,除为交易目的持有的金融资产或负债、指定以公允价值计量且其变动计入当期损益的金融资产或负债、可供出售金融资产等以公允价值计量外,其他项目均以历史成本为计价原则。资产如果发生减值,则按照相关规定计提相应的减值准备。

4. 现金及现金等价物

本行现金是指库存现金及可以随时用于支付的存放同业、存放中央银行等;现金等价物是本行持有的期限短、流动性强、易于转换为已知金额现金、价值变动风险很小的投资。

5. 外币折算

初始确认时,外币交易均采用交易日的即期汇率折算为记账本位币。

资产负债表日,外币货币性资产或负债按资产负债表日即期汇率折算为记账本位币,因货币性项目清算或折算产生的汇兑差额计入当期损益;以历史成本计量的外币非货币性项目,仍采用交易发生日的即期汇率折算;以公允价值计量的外币非货币性项目,采用公允价值确定日的即期汇率折算,由此产生的汇兑差额计入当期损益或其他综合收益。

外币现金流量,采用现金流量发生当期平均汇率折算。汇率变动对现金的影响额作为调节项目,在现金流量表中单独列报。

……

财经年报翻译项目报告

1. 项目分析

企业财经年报是由董事会主持编制,向有关主管机关及股东大会汇报的有关公司经营的财务状况等的书面报告材料。企业在工商、市场监管部门登记注册后,有义务向社会提供企业的基本信息,让社会公众和交易相对人对企业有一个初步的了解和判断,让国家相关管理部门及时掌握企业的存续和经营状况。

财经年报既包含文本,也有大量图表。自 2010 年起,某农商银行就在其官网披露公司年报,为公众了解该行的情况提供途径。因该行网站为中英文双语版本,因此须对年报进行翻译,用于官网公示。该项目文件属于常见的企业年报,全文由董事长致辞以及正文两部分构成,正文共 11 个章节,合计 76,635 字,包括公司基本情况、股东变动情况、董事、监事、高级管理人员及员工情况、公司治理结构、股东大会情况、董事会报告、监事会报告、重要事项、财务会计报告、董事会表决情况和书面确认意见以及备查文件目录。因此在本项目质量把控方面,首先要遵循年报类文件翻译的首要要求,即注意财务术语的专业性以及统一性。结合上述项目背景情况,项目启动前,由上述项目分析简要提炼出如表 7.1 所示的项目说明书,并针对性制定项目解决方案。

表 7.1 项目分析

项目说明书	
方面	内容
项目类型	年报
文件字数	76,635 字
项目周期	5 天
交付格式	纯译文,其中组织架构图须翻译;其余不可编辑图片无需处理
文件用途	官网对外公示
质量要点	注意财报术语专业性,译文须符合年报的表达风格
	注意该行特定专有名词,如人名、公司名翻译的准确性
	严格避免数字、语法等低级错误,保证财务数字的准确性
	把握项目进度,避免延迟交稿
项目难点	时间紧张;文件尚在更新

由于最终的交付格式是纯译文,因此翻译团队未对格式进行过多处理。译前,通过爬虫等方式,搜集了多家大型股份有限公司财报的中英文版本,对翻译质量进行横向比较,结合其与该篇财报的相似度,最终选择了最具参考性的一版制作成记忆库,并提取出术语制成术语库。实际需要翻译的总字数为 10,052 字。为了便于项目统计和分工,翻译团队选择使用 YiCAT 在线翻译管理平台进行翻译。图 7.1 为项目统计报告。

整个翻译团队由 1 名项目经理、3 名译员和 1 名审校组成,5 名都是 MTI 学生。其中 2 人本科辅修了金融专业,对财经类术语有一定了解。

Summary

Project name	财经年报
Statistical time	2020/12/20 14:50:18
Language pairs	zh-CN-en-US
Translation memories	财经年报记忆库-中译英
Count Units	Source

	%	Segments	Characters (No spaces)	Words	rs and Korea	Numbers	Symbols	Spaces
					Total			
New	41	227	5028	3006	2988	474	478	107
50%-74%	9	50	689	637	653	16	36	0
75%-84%	2	14	196	182	189	4	11	0
85%-94%	4	18	297	281	293	0	16	0
95%-99%	0	2	25	25	24	0	0	9
100%	11	89	879	832	878	0	46	0
101%	28	54	2183	2056	2166	8	126	0
Repetitions	5	177	755	382	356	89	115	24
Cross-file Repetitions	0	0	0	0	0	0	0	0
Total	100	631	10052	7401	7547	591	828	140

图 7.1　项目统计报告

2. 项目特点

财经年报翻译项目有三个特点。

一是专业性强。内容涉及大量财经类术语的翻译,要求译员有一定的财经类知识,能较深入地理解财报,并在译前搜集高质量的语料,制作财经年报术语表和记忆库。通过 MTPE,即"机器翻译＋译后编辑"的模式,对项目进行翻译。

二是重复率高。每个公司每年的财报结构基本保持一致,包含许多表格,比如资产负债表、利润表、现金流量表等,数字变动多,文本内容变动不大,尤其是财务报告附注以及财务报表部分的内容,重复率可高达 50% 以上,所以绝大部分内容都能参照以前年份的财报。只要合理利用记忆库和术语库,翻译量就能大大降低,翻译速度和效率显著提高。

三是准确性高。由于财经年报往往挂网公示,因此在翻译财经年报时,译员不仅要保证文本的准确性,还要注意财务数字的准确性以及特定专有名词,如人名、公司名翻译的准确性,避免低级错误。

3. 项目解决方案

基于财经年报翻译项目的特点,即专业性强、重复性高、准确性高,合适的年报翻译策略是主要参考以往的年报,相同部分直接引用,因此该项目从一开始就引入了 Trados 这一 CAT 工具,整体项目在译前阶段按照如下安排进行:

(1) 使用 YiCAT 对齐工具,将 2013 年的年报整理并制作成翻译记忆库,命名为

"参考库"。

（2）利用 Trados 创建翻译项目，导入"参考库"。经分析，待翻译文件与翻译记忆库 80%匹配以上部分的字数，可达到项目量的 90%以上。在项目安排翻译前，对重复部分先进行预处理，译员仅翻译未见译文部分的内容。经处理后，译员实际翻译字数仅为 6,833 字，极大地缩短了项目翻译时间。

（3）从 2013 年财报以及该行官网中提取该行专有名词，整理术语表。经该行确认后的术语，利用 Multiterm 创建术语库，挂接于 Trados 项目中，供译员翻译时参考以及最终交付时验证术语。

（4）制定风格指南。为确保团队内不同译员产出的译文风格统一，并且符合年报的表达风格，项目经理撰写了针对该项目的"排版与风格指南"。扫描左侧二维码查看。

（5）译员在 Trados 上进行翻译，可参考翻译记忆库的语言表达以及术语库中的术语，保证翻译的准确性。利用 Trados 进行翻译，可以保证翻译译文的实时积累，待收到定稿的文件后，在已创建的项目包中添加新的定稿文件，利用该完整的翻译记忆库进行预处理，只要提取此前未翻译的内容进行翻译，提升更新文件处理的效率。

（6）严格管控项目进度。为保证该项目顺利交付，满足客户需求，该项目流程拟定为：译前处理＋具有年报翻译经验的译员翻译＋审校老师校对＋质检人员质检＋QA 工具质检＋译后整稿。具体每个环节的时间分配由各环节实际的工作量与项目整体周期相结合而定。该项目整体进度安排如表 7.2 所示。

表 7.2　项目整体进度安排

项 目 环 节	安 排 情 况	具 体 交 付 时 间
译前处理（项目创建、语料库、术语库整体）	1 名人员	第一天下班前
翻译	合计为 6,833 词，2 名译员同时翻译	第三天中午前
审校	全文审校，合计 76,635 字	第二天开始，优先校对与翻译记忆库重复部分，于第四天中午前完成首批校对，更新部分于第五天 10 点前完成校对
更新译文处理	第四天收到定稿文件后，重新进行处理，安排更新内容进行翻译	第四天内
质检人员质检	全文审校，合计 76,635 字	第三天开始，于第五天 12 点前完成

续　表

项 目 环 节	安 排 情 况	具体交付时间
QA 工具质检	利用 Trados 自带的 QA 功能进行质检,尤其是术语统一性,重点排除未遵照术语表的情况	第五天 15 点前完成
译后整稿＋项目验收	/	交付前

4. 译后编辑遇到的问题及解决方案

机器翻译的主要问题在于译文容易出现语法错误和识别错误。语法错误往往是因为句子整体结构复杂,而识别错误往往是因为某个部分的结构复杂或者某个部分的用词存在多种义项。

1) 语法错误

> 问题:因句子结构复杂,出现了语法错误。

【例 1】

原文:在计算预期未来现金流量的现值时,预期未来现金流量考虑相关担保物的价值,但不包括尚未发生的未来信用损失;折现率采用该金融资产的原实际利率。

机译:When calculating the present value of the expected future cash flow, the expected future cash flow takes into account the value of the relevant collateral, but does not include the future credit loss that has not yet occurred; the discount rate adopts the original effective interest rate of the financial asset.

解决方案:调整语序,添加主语。

改译:When the bank calculates the present value of the expected future cash flow, the expected future cash flow includes the value of the relevant collateral, but does not include the future credit loss that has not yet occurred; the original effective interest rate of the financial asset is adopted as the discount rate.

【例 2】

原文:对于已经进行单项评估但未发现减值客观证据的单项金融资产,无论其金额是否重大,均需与其他具有类似信用风险特征的金融资产构成一个组合进行组合评估,以确定减值损失。

机译:For the single financial assets that have been evaluated individually but no objective evidence of impairment is found, no matter whether the amount is significant or not, it is necessary to form a combination with other financial assets with similar credit risk characteristics for combination evaluation to determine the impairment loss.

解决方案：调整部分用词。

改译：For the single financial asset that has been evaluated individually with no objective evidence of impairment found, no matter whether the amount is significant or not, it is necessary to form a combination of it and other financial assets with similar credit risk characteristics for combination evaluation to determine the impairment loss.

2）识别错误

> 问题：机器无法识别原文。

【例3】

原文：某股份有限公司二○一四年度财经报告

机译：Financial report of a Joint Stock limited company for 2014

解决方案：因未识别出标题，实词首字母未大写。译后编辑时大写实词首字母。

【例4】

因目录中大部分标题，如"董事长致辞""重要提示"等机器不认识，机器保留中文未翻译。

解决方案：在CNKI翻译助手中检索，整合相关资料并翻译。

> 问题：主语识别错误，导致译文表达与原文不符。

【例5】

原文：已经进行单项测试并确认减值损失的金融资产不再进行组合评估。

机译：Financial assets that have been individually tested and impairment losses recognized are no longer subject to portfolio assessment.

解决方案：添加介词，使得主语正确。"已经进行单项测试并确认减值损失的"为定语，"金融资产"为主语。

改译：Financial assets that have been individually tested with impairment losses recognized are no longer subject to combination assessment.

> 问题：定语过长，导致机器翻译的选词和表达不准确。

【例 6】

原文：估值技术包括参考熟悉情况并自愿交易的各方最近进行的市场交易中使用的价格、参照实质上相同的其他金融工具的当前公允价值、现金流量折现法、期权定价模型等。

机译：Valuation techniques include reference to prices used in recent market transactions by familiar and willing parties, reference to the current fair value of other financial instruments that are substantially the same, discounted cash flow methods, and option pricing models.

解决方案："价格"这个词对应着一个很长的定语"熟悉情况并自愿交易的各方最近进行的市场交易中使用的"，将该定语拆成两个部分："最近进行的市场交易中使用的"和"熟悉情况并自愿交易的各方"。

改译：Valuation techniques include reference to prices used in recent market transactions by voluntary parties familiar with the market, reference to the current fair value of other financial instruments that are substantially the same, discounted cash flow methods, and option pricing models.

> 问题：存在多义词、错误断句和表达上的赘述。

【例 7】

原文：本行长期待摊费用是指已经发生、摊销期限在 1 年以上（不含 1 年）的各项费用，主要包括租赁费和以经营租赁方式租入固定资产发生的改良支出等。

机译：The anticipated amortization expenses of the President refer to the expenses that have been incurred and the amortization period is more than 1 year (excluding 1 year), mainly including the lease expenses and the improvement expenses incurred in leasing fixed assets in the form of operating lease.

解决方案：机翻将"本行长"识别为一个词，又将"期待"识别为一个词，最终导致翻译错误，因而重新断句并调整语序。more than 1 year 原本就是指大于一年，由于中文和英文的表达方式存在不同，机翻存在赘述，excluding 1 year 即为赘述，可删掉。

改译：The long-term deferred expenses of the bank refer to the expenses whose amortization period is more than one year, mainly including the lease expenses and the improvement expenses incurred in leasing fixed assets in the form of operating lease.

3）术语错误

> 问题：术语翻译不够简洁或有误。

【例 8】

原文：某股份有限公司二〇一四年度财经报告

机译：Financial report of a Joint Stock limited company for 2014

解决方案：在 CNKI 翻译助手中检索"某股份有限公司"，发现相关文献对该术语的翻译都是"Limited Corporation"。

机器对"财经报告"的翻译有误，查询国内外企业年报对"财经报告"的翻译图 7.3 和图 7.4，改译为 Annual Report of Financials of a Limited Corporation for 2014。

◇ **相关文献**

1. Galaxycore Shanghai Limited Corporation; Patent Issued for Backside Illuminated Image Sensor With Three-Dimensional Transistor Structure And Forming Method (USPTO 10,720,463)

2. Galaxycore Shanghai Limited Corporation; "Backside Illuminated Image Sensor With Three-Dimensional Transistor Structure And Forming Method Thereof" in Patent Application Approval Process (USPTO 20200135777)

3. Galaxycore Shanghai Limited Corporation; Patent Issued for Image Sensor Structure And Packaging Method (USPTO 10,032,824)

4. Zhejiang Limited Corporation of Daodu Intelligent Switch; Patent Issued for Embedded-Pole HV Electrical Apparatus Combination Switchgear (USPTO 9953780)

5. Sky Light Electronic (shenzhen) Limited Corporation; Researchers Submit Patent Application, "Device, System and Method for Finding a Parked Vehicle", for Approval (USPTO 20160078765)

图 7.2　CNKI 检索结果

Huawei Annual Report

2019 Annual Report

图 7.3　2019 年华为年报

图 7.4　2019 年 IBM 年报

总而言之，为了提高译后编辑的效率，在译前阶段，可以做一些译前处理。例如针对机器识别不出的字符（"○"识别成了"o"）、正文标题、目录标题等类似问题，先翻好，再导入。同时，关注导入 Trados 中的原文，如果有些句子比较复杂，可以厘清逻辑后进行拆分；对于存在多义词的原文也可以进行处理，如补充主语等。译中阶段，译员应首先做好术语统一和查验；其次，因相似错误可能会再犯，所以译员应当认真仔细，反复检查并核对。

ISO 在关于机器翻译译后编辑的标准草案中指出："翻译服务商须明确相关流程，在必要情况下与客户协商，源语言的内容是否适合机器翻译和后续的译后编辑，机器翻译＋译后编辑的效率取决于机器翻译系统、语言和原文内容涉及的领域/风格。"陆强等人（2019：37）认为，机器翻译输出的质量和原文的规范程度以及对机器翻译引擎进行训练的底层语料具有较大的关联性。因此，有时很难按照机器输出的效果对整体机器翻译效果进行一刀切。崔启亮等（2015：20）对机器翻译主要提出了 7 种错误类型：过译、欠译、术语翻译错误、多译、漏译、词性判断错误、从句错误。孟福永等人（2020：28）更进一步研究了译后编辑技术在计算机应用研究领域的发展，提出还可通过计算机技术研究自动译后编辑（APE）、自动 MT 质量评估以及译后编辑人员工作效率，认为研究人工译后编辑过程的终极目标是实现在译员进行编辑之前，就能够预测编辑所需投入的时间与精力（Post-Editing Effort）。因此，从研究现状来看，译后编辑技术的发展主要包括探索神经机器翻译的黑匣特性、机器翻译训练依靠底层语料的发展和结合计算机技术的译后编辑效率预测。翻译从业者和学者们通过技术和理论共同探索，推动新时代"机器翻译＋译后编辑"的模式，提高翻译工作的效率和质量。因此，在进行译后编辑工作时，我们应该了解不同机器翻译引擎的特点和专长，善用机器翻译这个工具，在译前就为译后编辑做好准备和预测，提高译后编辑效率。

5. 翻译项目反思

1）发挥项目经理的统筹角色

翻译项目经理的角色贯穿于整个项目中间，其工作不只是将任务分配给译员和审校再导出译文，还须做好译前工作、理清项目步骤、控制项目时间、核对译文文本、维护语料资产等。

a. 做足译前准备

术语库和记忆库应由专人负责。财经年报专业性强，其翻译主要参考往年年报，所以译前术语库和记忆库的建立和完备与否至关重要。但因为翻译项目时间短、任务重，使得译前准备时间不够，项目经理一人建立大型可供参考的术语库和记忆库显然并不现实,不完备的术语库也给译员的工作带来很多压力。像这样专业性强的项目,可以考虑专门让 1～2 人负责搜集、维护术语库和记忆库,这样不仅能大大减轻译员压力,还可以保证团队语言资产的丰富度和有效性。

b. 做好译中沟通

组员之间的沟通方式应线上线下结合。在翻译本项目期间,译员和审校在财经年报背景知识的阅读中搜索到了翻译公司网站、财报工作人员等整理发在网上的术语表,扩大了参考范围,同时帮助项目经理再一次更新术语库,但是因为项目时间短、线上不能实时交流、组员除了翻译项目还有多项任务在身等因素,使得翻译、审校和术语库制作同时进行,降低了术语库作为参考的实用性。为加强沟通,交流项目进度和翻译难点,小组成员除了线上沟通,还可以有规律地线下开会,交流阶段性成果,这样可以有效避免重复劳动,确保问题真正得到解决。

c. 译后维护记忆库和术语库

翻译项目完成后,项目经理在审校排版过程中仍发现有格式问题、术语不一致问题和错译问题,此时需要再一次维护记忆库和术语库。如"主管会计工作负责人"出现两种译法,"In-charge person of accounting work"和"Responsible person in charge of accounting work",追查后发现是由于作为语料库的真实公司年报本身出现术语不一致的问题,这时要和组员再一次确认,选用与前文一致的术语,并删除或在下一次禁用术语库中的另一项翻译。错译问题如"... and on the basis of the notes IV. Important accounting policies and accounting estimates' in this note."出现重复语义,调查后发现在原文导入时机器出现错误断句,导致了错译,项目经理在审校后改为"... and on the basis of the accounting policies and accounting estimates described in 'IV. Important accounting policies and accounting estimates' in this note."并更新记忆库。最后检查无误后才能交付客户。项目交付完成不代表项目结束,项目经理还应复核记忆库和术语库,确保语料库没有错误断句、标点问题和语法问题,术语库没有术语不一致问题、大小写问题等,检查无误后再把其归入团队语言资产,时时注意更新维护。

2) 提升译员分析语言的能力和思辨能力

中文财经年报中长难句较多(通常前置定语很长),看似由会计术语"堆砌"而成,主要是由中文逻辑关系隐化的用语习惯所导致,要求读者有一定的金融学知识才能读懂。然而,英文表达注重逻辑关系的显化,这就要求译者在翻译时先理解原文的意思,再用英文将逻辑关系清晰地表达出来。例如,"吸收存款和同业存放款项净增加额"的正确英文译法为"net increase in deposits from customers and interbank",从英文中更易看懂该术语的意思。译者在翻译时要擅长分析原文,发挥思辨能力,通过单语语料库查找平行文本,尽可能正确转换。

　　翻译专业的学生一定要学会翻译技术,善于整理运用资源,与时俱进。机器翻译仍有一定的局限,比如在术语翻译一致性、句法结构转换、排版规范性等方面仍有一些问题,需要人工进行译后编辑及其他处理,而这对翻译专业学生的译后编辑能力提出了更高的要求。因此,译者在提高自己翻译及译后编辑能力的同时,要注意积累各领域知识,以专业的姿态为相关行业的受众提供翻译服务。

本项目拓展题

个人思考题

　　(1) 有位网友分享财经翻译经历时说,他的具体工作内容是根据客户需求将香港上市公司的财务资料进行中英互译。以下是他的叙述:

　　这行专业性强,**对细心和耐心的要求极高**,因为数字不能错,日期不能错,这也不能错那也不能错,不然分分钟影响股价,那可承担不起呀,还要印刷成书寄给股东,要是错误翻译已经印刷成书我也是赔不起的呀! 重点是交易日还有个 deadline,那就是23:00,这个时间是资料挂网的最后时间,过了一秒都不行,交易所的系统会自动关闭,所以晚上 BP(bulk print)的工作都会很紧张。为什么不提前翻译好? 翻译部的工作流程是这样的,接到原稿,回复 TAT(turnaround time),即给回译稿的时间,一般的稿件都需要排成 PDF,所以译稿会经由客服交到排版部,排好后再发回翻译部校对,确认无误后客服才发给客户。客户如果后期有改稿也是经由客服发给翻译,然后又是翻译→客服→排版→客服→翻译校对→客服→客户,哪怕是改两个字,也是要走这个流程,所以每当要刊发稿件时有些拖延症客户才开始狂改稿的时候,所有人都很无奈,玩儿的就是心跳! 这就是为什么这行在招聘时都会加一条,**能在高压下工作**。

　　请根据这个经历分享,列举好的财经译员应该具备的素养。如何练就译员的耐心、细心和耐压能力?

　　(2) 公司一般需要翻译的财务资料包括但不限于公布(announcement)、通函(circular)、年报(annual report)、中报(interim report)、季报(quarterly report)和招股书(IPO)。请查阅相关资料和书籍,了解这些财务资料的主要内容,思考如何翻译成中英文版本。尤其是财务年报的翻译,需要注意哪些事项?

（3）表 7.3 是一位网友分享的财经年报翻译过程中的处理方法。由此可以看出，年报的翻译主要是参考以往的年报，相同部分直接引用。请问，如何翻译没有资料参考的文档呢？

表 7.3　年报结构

架　　构	处　理　方　法
1. 目录	参考往年年报
2. 企业资料	参考往年年报
3. 业务回顾	参考当年的中报和其他公司的年报，大部分内容没有参考
4. 主席报告	参考当年的中报和其他公司的年报，大部分内容没有参考
5. 管理层讨论及分析	参考当年的中报、往年的年报和其他公司的年报
6. 董事及高级管理层履历	参考往年年报或是当年的职务授权（General Mandate）
7. 董事会报告	参考往年年报
8. 企业管治报告	参考往年年报
9. 独立核数师报告	参考往年年报
10. 损益表	参考往年年报
11. 全面收入表	参考往年年报
12. 股权变动表	参考往年年报
13. 资产负债表	参考往年年报
14. 现金流动表	参考往年年报
15. 财务报表附注	参考往年年报，如政策有变，可参考其他公司的资料
16. 五年财务概要	参考往年年报

（4）翻译下面 8 个句子，总结财经文献中数据翻译技巧，尤其是一些常见的固定表达法。

① Chinese stocks slipped in early trade, with Shanghai stocks dropping 0.8% and Hong Kong's Hang Seng down 1.5%.

② The FTSE fell 1% while the Dow Jones plummeted 240 points and the price of Brent crude dropped to almost ＄47.6 a barrel, its lowest point this year.

③ After sizzling growth over the last couple of quarters, shares of Chinese e-commerce giant Alibaba's（BABA）have fallen by over 18% over the past eight months, with investors getting out after the company's most recent quarter.

④ The company's latest filing with the United States Securities and Exchange Commission reveals that the "average selling price" for the iPad increased by 12% in

2016 compared to the previous year.

　　⑤ Food prices fell by 2.5% in the year to October in the wake of continued supermarket price wars. This means that prices in the sector fell for the 13th month in a row.

　　⑥ 由于国内需求暴跌,英国经济在第一季度出现连续八个季度的萎缩。

　　⑦ 美国服务业 PMI 指数从 10 月的 58.6 下跌至 11 月的 55.8,是六月以来最低点。

扫描二维码
获取答案

　　⑧ 与 2017 年 11 月接近 120.15 美元的高点相比,股价暴跌了 40%。

小组合作题

　　(1) 在翻译财经年报时,最容易拿不定的就是术语的翻译。对于很多不理解的概念和专有名词,可以先去 http://investopedia.com 查看。请对表 7.4 所列的术语进行搜索和查找,一人给出英文定义,另外一人用中文解释其意义。

表 7.4　术语对照表

Terms	English Definition	Chinese Explanation
Net Income		
EBITDA		
GAAP		
EPS		
Free Cash Flow (FCF)		

　　(2) 要想做好财经翻译,丰富的财经知识必不可少。如果对华尔街感兴趣,可以查看网站 http://Dealbook.com 或 http://Businessinsider.com。请每个小组推荐一个有用高效的财经网站,并说明理由。

　　(3) 在翻译本项目之前,请去资源包查看本项目的参考资料,有中英文对照的往年财经年报文献。除了阅读并熟悉财经年报内容以外,还可以把它们做成平行语料库,并提取相关术语,做成术语表。翻译时把此记忆库和术语库导入 Trados,内容重复的部分就不用翻译了,体验翻译技术带来的效率。

第 8 章　图书出版翻译项目

导语

图书出版翻译项目特点：

（1）原文为一部完整的书籍，有近千页内容待翻译，要求译文达到出版质量。

（2）多人合作翻译，要在规定时间内完成翻译任务，统一翻译风格。

教学建议

（1）教会学生了解图书翻译和出版流程、学术著作的语言风格和翻译标准。如有可能，请出版社编辑整体介绍一下一本图书的翻译出版全过程。

（2）分组讨论：多人协作翻译时，如何统一翻译风格。

（3）组织学生讨论在图书翻译过程中可以运用的翻译技术。

翻译概要

请务必遵照下述要求翻译《创新经济学》：

（1）本项目提供术语表。翻译前，请务必认真阅读并严格按照术语表进行翻译。若遇上术语表和缩略语中未包含的术语，请使用搜索引擎；实在难以确定含义的术语，一定要和项目组成员商量后统一确定。

（2）翻译时，若发现术语库中的翻译有不妥之处，请及时提出并告知修改，术语库仅供参考。

（3）请专门制作正在翻译部分的术语表，以 Excel 格式保存。经大家统一确定后，加入术语库。其中，在翻译过程中遇到的机构名称、组织名称均归为术语，加入术语表。

　（4）翻译章节内标题时，请参照目录格式。

　（5）翻译字体采用 5 号宋体，句号等标点在括号后面。

　（6）正文中涉及的人名、参考文献不用翻译。

　（7）参考文献和二次引用其他文章内容部分不用翻译。

　（8）本次翻译过程中统一使用 Trados 进行翻译。每两周回收一次译文，请按时提交译文，译文格式为 Word 文档，仅需译文。另，译文命名格式为：姓名_提交日期_（原文）字数。

翻译项目内容选摘

　The particular focus on invention and technical change as central factors behind economic growth and development is, as Joel Mokyr illustrates in Chapter 1, of relatively recent origin（Mokyr, 2010）. While early classical economists were well aware of the critical role of technology in economic progress, they would typically consider such technical progress as fully embodied within the notion of capital, a vision which remained dominant up to the late 1950s. At that point it was recognized that "something"（a residual, Solow, 1957）, a measure of our ignorance（Abramovitz, 1956）, appeared behind most of the economic growth in the twentieth century and the acceleration in the postwar period. Thus, while Adam Smith did observe in his *Wealth of Nations* that improvements in machinery came both from the manufacturers of machines and from "philosophers or men of specialization, whose trade is not to do anything but to observe everything...," he considered such advances of technology as largely due to the inventiveness of people working directly in the production process or immediately associated with it: "...a great part of the machines made use of in those manufactures in which labor is most subdivided, were originally the inventions of common workmen"（Smith, 1776, p. 8）.

　This view on technological advances led to a strong critique from Friedrich List who, back in 1841, wrote: "Adam Smith has merely taken the word capital in that sense in which it is necessarily taken by rentiers or merchants in their bookkeeping and their balance sheets... He has forgotten that he himself includes (in his definition of capital) the intellectual and bodily abilities of the producers under this term. He wrongly maintains that the revenues of the nation are dependent only on the sum of its material capital" (p. 183). List's contribution is particularly important in this context because he was one of the first economists to recognize the crucial role of the "systemic" interactions between science, technology, and skills in the growth of nations. For classical economists, such as Smith, "innovation" (though they did not use that particular term) was a process fed by experience and mechanical ingenuity, which enabled improvements to be made as a result of direct observation and small-scale experiments. For List, the accumulation of such knowledge became an essential factor for the growth of nations: "The present state of the nations is the result of the accumulation of all discoveries, inventions, improvements, perfections, and exertions of all generations which have lived before us: they form the intellectual capital of the present human race, and every separate nation is productive only in the proportion in which it has known how to appropriate those attainments of former generations and to increase them by its own acquirements" (p. 113).

List's recognition of the interdependence of tangible and intangible investments has a decidedly modern ring to it. He was probably the first economist to argue consistently that industry should be linked to the formal institutions of science and education: "There scarcely exits a manufacturing business which has no relation to physics, mechanics, chemistry, mathematics, or to the art of design, etc. No progress, no new discoveries and inventions can be made in these sciences by which a hundred industries and processes could not be improved or altered" (p. 162). His book entitled *The National System of Political Economy* might just as well have been called *The National System of Innovation*. List's main concern was with the problem of how Germany could overtake England. For underdeveloped countries (as Germany then appeared relative to England), he advocated not only protection of infant industries but a broad range of policies designed to accelerate or to make possible industrialization and economic growth. Most of these policies were concerned with learning about new technology and applying it. In this sense List anticipated and argued in accordance with contemporary theories of "national systems of innovation."

Table 1 illustrates the characteristic features of the British national system of innovation (NSI) in the eighteenth and early nineteenth century and of the US NSI in the late nineteenth and twentieth century, following List's historical interpretation of

NSIs. In this by and large descriptive interpretation of the most striking historical institutional features of a country's science and technology-based growth performance, what is most striking is the particular importance given to the state in coordinating such long-term policies for industry and the economy. In fact, the role of the Prussian state in technology catch-up in the mid-nineteenth century resembled very much that played by the Japanese state a couple of decennia later, the Korean state a century later, or China today. At each time the coordinating role of the state was crucial, as were the emphasis on many features of the NSI which are at the heart of contemporary studies (e. g. education and training institutions, science, universities and technical institutes, user-producer interactive learning, and knowledge accumulation).

查看更多项
目内容,请
扫 描 二 维
码.

图书出版翻译项目报告

1. 项目概述

本书为上海交通大学出版社委托翻译,4—5 月内完成 70~72 万字的翻译,任务比较艰巨。在带队老师的组织下,决定实行多人协作翻译,选定了 10 名译员。结合本次项目的特点,图书翻译项目的管理流程可以分为译前准备(确认需求)、语料处理、译员选择、术语制作、项目派发、审校修订、项目跟踪、译后排版和项目总结。

2. 翻译项目流程及对策

1) 译前准备

在译前准备中,项目经理首先对翻译需求进行确认,了解项目情况,包括项目类型、规模、用途、周期、翻译专业领域和工作难度、报酬预算和文本特征。通过了解这些项目背景,确定项目实施方案,并为之后的项目派发打下基础。本次项目需求情况各项指标如表 8.1 所示。

表 8.1　项目要求明细

指　标	具　体　内　容
项目类型	大型项目(70~72 万字)
项目规模	分上下两册,72 万字,共 44 章
项目用途	出版和印刷
项目周期	4~5 个月
翻译专业领域	经管类(经济学)
工作难度	中等偏难(有较多专业术语和经济学公式)
报酬预算	约人民币 5.4 万元
文本特征	经济学文本,行文正式,涉及大量经济学知识

a. 资料搜集

(1) 在搜索引擎(如必应、百度、搜狗)中搜索"创新经济学手册"及其英文标题,然后分别搜索本书两位编者的中英文姓名,检索成果。

(2) 登陆"复旦大学图书馆"官网,在数据库(如知网、万方、Web of Science)中检索该书书名及两位编者的姓名,然后挑选检索结果。

b. 数据挖掘

※准备语料库

高质量的双语语料可用于翻译参照和对比,也可用于后期译员的培训。针对本书的特点,此次翻译项目拟采用中美两国的知识产权法律体系(如《中华人民共和国专利法》《中华人民共和国商标法》《美国专利法》《美国知识产权法》等)及其中译版等资料作为语料库素材,制作双语语料库和单语语料库。

将上述语料用 ABBYY Aligner 制作双语文件,将该双语文件导入 2021 版本Trados 从而制作记忆库,再导出新的双语文件。利用 Heartsome TMX Editor 给上一步得出的双语文件降噪,把降噪后的文件存为 txt 文本。利用 TMX-ParaConV 将上一步得到的 txt 文件分解为中文 txt 文本和英文 txt 文本,将中文文本保存为 UTF‐8 格式。必要时可用 ParaConc 针对双语语料库中相关的术语进行检索并统计。

※制作术语库

术语是特定行业语言中的专门知识表达。此次翻译项目将术语分为标准化术语和专业通用词两类。对于原文中出现的专业通用词的译法,可由专业审读人员确定。在译员翻译过程中,须随时记录专业通用词的使用情况。翻译前期制作术语库时,暂不区分标准化术语和专业通用词。术语的确定标准可以以维基百科或 MBA 智库中有该术语的条目或出现在原书的"Subject Index"为准,也可由各译员及专业审读人员一致同意确定。

提取术语时,先由技术支持人员汇总各章节目录、关键词以及"Subject Index",再从原文中截取一个章节,汇总制作成一个 Word 文档。由团队内最佳译员翻译该文档,并经语言校订和专业审读后,从该文档中提取术语,制作成 Excel 版本的术语中英对照表格,通过 2021 版本 MultiTerm Convert 和 MultiTerm 做成术语库,再导入 2021 版本 Trados 以便翻译时使用。

※编写统一参照表

制作术语表、人名地名公司名参照表、缩略语参照表、翻译样张。

※统一译文风格

选择实力较强、有相关经济类或法律翻译经验的 10 名译员试译同一语段,整合几人的翻译,咨询专业审读人员后形成标准译文、确定翻译风格并制作成翻译样张,以供其他译员参考。

c. 译员选择

语料准备工作结束后,便开始译员的选择工作。本次译员的选择通过试译的方法进行,由项目经理派发一个与本次翻译项目内容类似的文档给各位候选人,根据最后候选人提交的译文质量,包括译文准确性、流畅度等,选拔并确定本次项目的译员。本次项目译员为 10 名,其中研究生二年级 3 名,研究生一年级 7 名,项目经理本人也是高级译员。考虑到高年级同学的课业压力和时间,本次项目参与者以低年级同学居多,但考虑到译员水平和质量,仍由高年级同学承担较多的翻译工作量。初选结束后,项目经理为各译员安排了试译,以验证各译员的水平,最终选定 10 名译员。

d. 撰写翻译须知

为便于译员的翻译过程管理,撰写翻译须知,内含客户要求、资料检索途径、软件使用细则、文件命名与文本格式要求。扫描右侧二维码查看翻译须知。

e. 技术支持

技术支持人员在前期准备中主要负责语料库与术语库制作流程,为各译员分发对应的译文(涉及文档拆分与图表等处理),同时在翻译实施结束后,需为团队统一优化术语库和语料库,制作此次翻译项目的双语句对库和整理专业通用词。技术支持人员中安排特定人员负责排版。

※语料库制作

出版者给定源语为 PDF 格式。PDF 文档可以分为两种:一是可编辑的文字信息文档,对于该种文档,只需要直接复制文字信息到 Word 中,或者使用特定的 CAT 软件即可开始翻译;二是出于信息保护或其他目的而采用的图片式文档。(何昆仑,2015)本翻译项目中,出版者交付的就是这种不可编辑的 PDF 文档。对于这种格式的文档,要先将它转换为 Word 格式才可开始进行翻译。虽然市面上有很多 PDF 转换软件,如汉王、PDF Converter 等,但都存在着一些问题,如识别信息不全、文字缺失等等。

对于图片式的 PDF 文档,只能采用含有 OCR(光学识别)功能的软件进行语料格式转换。本次项目中,采用含有 OCR 功能的俄罗斯 ABBYY 公司的产品 ABBYY Fine Reader 来处理。该 OCR 软件于 2005 年 12 月 22 日被美国著名计算机杂志《计算机》(*PC Magazine*)授予四星评分,在国际语言服务商中享有盛誉。虽然该软件的英文识别率高达 99%,但在转换过程中还是出现了少许的格式错位。由项目经理对照源文档进行调整修改,完成了转换工作。

语料降噪用于消除语料中多余的字符或影响语料对齐的字符、公式、图表等,以提高语料库统计分析的效用。可使用 Word 软件中"查找和替换"功能,或者利用 Emeditor 和记事本工具对文本进行降噪。常用特殊符号为段落标记(^p)、制表符(^t)、任意字符(^?)、任意数字(^♯)、任意字母(^$)等。

使用 ABBYY Aligner 进行语料对齐。对齐时,首先锁定段落对齐,然后在段落内进行句对齐,同时参照相关的文本信息辅助对齐。由人工在自动对齐的基础上进行后续句对齐处理。

※术语库制作

统一使用 Excel 和 SDL Trados 中的 Multiterm 功能制作术语库。在使用 Multiterm 之前,需先使用 Multiterm Convert 将 Excel 术语表转换成 Trados 术语库所需的格式,然后在 Multiterm 中导入术语库。

接下来进行术语去重。先从 SDL Multiterm 中选择"Tab-delimited export definition"方式导出术语,将其转换为 Excel 表格形式并删除重复项,就可得到去重后的双语词条。使用 TMX Editor 将这些词条转化成 tmx 格式,并导入一个空记忆库内。之后再用 TMX Editor 重新生成 Excel 文件,然后用 MultiTerm 重新创建术语库。

通常,在项目比较大的情况下,客户可能会提供参考语料及术语库以供翻译使用。如果客户未能如期提供,项目经理应使用术语提取工具先提取翻译文本中的高频词,然后定义术语,以确保项目翻译术语的一致性,并随原稿一同发放给译员。在一个项目由多个译员共同完成的情况下,翻译术语表更能保证全文术语的一致性(陈露,2014)。通常情况下,术语确定之后需要首先提交给客户进行确认,等待客户确认后方可使用。

本次项目中,先由项目经理使用 WordSmith 工具提取文本翻译中的高频词,然后等量派发给各个译员,由各个译员完成术语表的初步制作工作;各个译员完成后,对各自负责的术语表进行审查,经大家确认无误后提交给项目经理汇总,以 Excel 形式保存,最终加入术语库。在翻译过程中,各位译员若发现术语库中的翻译有所不妥,需及时提出并将告知项目经理修改。机构名称、组织名称也均划分为术语,加入术语表(见表 8.2)。

表 8.2　项目术语表

time horizon	投资期限
spin-off	分拆
academic spin-off	大学衍生企业
proprietary technology	专利技术
tragedy of the anticommons	反公地悲剧
knowledge spillover	知识外溢
intellectual property rights	知识产权
academic entrepreneurship	学术创业
technology transfer	技术转让
quasi-public goods	准公共产品
block grants	分类拨款
emergent properties	涌现性
agglomeration economics	聚集经济
R & D	研发
treatment effect	处理效应
joint product	联产品
appropriability	独占性
appropriate regime	独占性机制
exclusive licensing	独占许可
data retention	数据保留
anchor tenant	主力店
knowledge-based economy	知识经济
science park	科学园区
empirical research	实证研究
empirical evidence	经验性证据

可使用 AntConc 软件进行术语分析。分析时，可着重注意专业通用词的词频分析，选取特定词汇后再使用"sort"功能进行分类搭配呈现。

※文档拆分

使用 Adobe Acrobat XI Pro 软件，点击工具—页面—拆分文档—选择顶层书签，即可将文档按照章节标题拆分，也可通过点击工具—页面—提取或点击打印—选择相关页数—另存为 PDF 等方式将文档拆分。

※图表处理

可先将原文另存为 Word 格式，通过查找选项，依次找出原文中的表格和图片。根据具体的图表采取对应的处理方法。常用 PhotoShop 进行译文对原文的文字覆盖。将表格中的原文提取出来导入 Trados 时需注意增减换行符，以免在 Trados 中出现原文错行的现象。

※排版

排版人员使用 InDesign 软件进行排版。

2）翻译实施

a. 分发翻译文件包

※翻译须知

翻译须知明确了团队对于翻译进度、格式、风格等的规定，译员须在译前仔细阅读至少对于硬性规定胸有成竹，切忌随心所欲，以免对后续工作造成麻烦，耽误项目进度。

※翻译任务分工

依据前期对每个译员水平、能力的评估，给每个译员发放难度等级不同的翻译章节，求得最高质量。每次发放一个章节，章节翻译完毕发送给相应的校对人，同时提取新的章节。

译员确定和术语制作完之后，便是项目的派发工作。项目派发工作由项目经理执行，主要包含时间安排和工作量分配。本次项目的开始时间是 2016 年 2 月，结束时间为 2016 年 7 月，项目期为 4～5 个月，项目文档分为上下册，分别分配 5 个译员进行翻译，总计 10 名译员。每位译员的工作量由项目经理根据其所提交的试译译文质量进行分配。译员水平质量较优者承担较多的翻译量，较差者承担的翻译量则较少，以保证最后提交的译文水平。根据本项目的周期，进度表以两周的形式进行规划，每两周回收一次译文。翻译完之后进行校对，采取互校形式。

工作量分配如表 8.3 所示（其中 A 兼任项目经理）。人员分工制作专门表格，内含译员姓名与联系方式、由谁负责哪一章节、译员翻译时间管控等。

表 8.3　工作量分配

Workloads distribution for volume 1						
Chapters	1+3+4	9+11+12+ 13+14	2+5+7	15+16+8	6+10	Total
File Loads	97,174	96,669	76,817	63,977	39,594	394,231
Trans Loads	97,174	96,669	76,817	63,977	39,594	394,231
Exp CN Loads(＊1,8)	174,913	174,004	138,271	115,159	71,269	709,616
Translator	A	B	C	D	E	
Workloads distribution for volume 2						
Chapters	21—23	17—20	24—25	26+29	27+28	Total
File Loads	83,990	73,473	45,423	32,083	32,083	268,109
Trans Loads	83,990	73,473	45,423	32,083	32,083	268,109
Exp CN Loads(＊1,8)	151,182	131,892	81,762	57,749	57,749	482,597
Translator	F	G	H	I	J	

※目录

译员可根据目录确认自己所领章节无误,同时确认翻译进度。建议用联机软件或网页展示目录,每位译员在翻译完毕当前章节后须在软件/网页上确认。

※术语表

由术语组全文提取术语,经由 Google/MBA 智库(/Wikipedia/MyMemory/languagescientific. com)找到最佳、最标准的翻译方案,且交由专家审定。

※人名/地名/公司名参照表(包括缩写/缩称)

译员根据表格翻译人名/地名/公司名。某些时候,这些名称可能以缩写、缩称出现,译员须参照表格中的缩写/缩称修改。

※缩略语参照表

缩略语编写须根据 CAS 缩略语标准(www. cas. org/support/documentation/references/cas-standard-abbreviations)。

※翻译样张

前期准备中已由专业团队及较高水平译员试译部分原文,并经过修改定下全书翻译风格。译员须据此统一翻译风格。

※空文档

空文档用于记录专业通用词的使用情况。每遇上一次专业通用词,译员须在空文档中记录下来,写下其译文,并提取典型例句记录在案,用于之后的译前训练。这一过程可用 Word 和 Excel 完成,后期整合统一所有译员的记录。

b. 制作专用语块库

对出现频率超过 3 次的特定语块可以制作专用语块库,由翻译水平最高的译员和专业审读人员确定语块库的翻译,统一译文风格,让译文质量尽可能不随校对人员或译员的变更而发生明显变化。

3) 审校与排版

a. 收回译文及文件包

根据项目前期安排,每位译员须在两天内翻译完一章,并及时反馈给指定校对人员。出于保密考虑,译员不可复制文件包内容,需要在全部翻译任务完成后将文件包及其内容返还给项目负责人。

b. 审校人员管理

审校人员分为语言校订、专业审读和校对人员三类。语言校订区别于专业审读。语言校订需要在指定译员翻译完成后负责校对其译文的语言层面的错误,如语法、词法、搭配、大小写等语言问题。校订人员须与相关章节的译员区分开,并对照原文来校订译文。语言校订和翻译的进度须保持一致,可以快,不能慢。语言校订分为一审、二审,每一位校订人须保留此番修改痕迹。在必要时,可委托具备相关专业知识的专业人员进行审读,此时不再对照原文。最后,由校对人员对译文修改情况进行确认,此为三审。校对人员校对时可使用黑马校对工具。

c. 译文质量反馈

每一章节校对完毕,校对组人员须从语法、专业、态度三个方面对译文及译员本人打分,同时二审、三审须对前轮校订人员的工作成果打分,方便后续分发任务和合作。

d. 本地化

本地化是指将一个产品按特定语言市场的需要进行加工,使之满足特定市场对语言和文化的特殊要求并实现产品营销的生产活动。

※多部门合作

为本地化译员提供便于翻译的文件格式;为桌面排版提供图像文字;为项目管理的难度分析和工作量统计提供数据;协助本地化,解决技术问题。

※本地化分类

①软件本地化;②网站本地化;③多媒体本地化;④文档本地化,即手册和图书的本地化;⑤其他对象本地化。针对本次项目的性质,选取适当的本地化形式,即文档本地化。

※风格统一

本地化译员总览把握全文的整体风格以及受众分析，确定本地化风格基调。

※时间安排

按照项目前期安排，专门派发任务到各本地化译员。本地化译员应依循时间安排和其他译员一起推进项目。如中途要针对特定词汇的本地化进行讨论，则安排相应时间供译员自行合理调度。

e. 排版

（1）在项目初期，排版人员按照图书风格进行排版模式的探讨，并敲定大体排版方向。

（2）排版人员的时间安排与其他人员大体保持一致，按章进行排版，在最后全部文档翻译与本地化过程完全结束后一周，进行整理汇编。

（3）排版人员须按照各项规定，注意文档、图片、数字、表格等不同数据类型的排版方式，力求以最佳方式呈现版面。

- 文字：标题、正文、页眉页脚等文字的字体、大小、颜色等进行统一，并对其他有关文字的附加版面样式做出界定，如加粗、倾斜、下划线、缩进、磅值、效果、字间距等。

- 图片和表格：保留源格式大小及位置，使用 PhotoShop 进行汉化，译文文字与原文大小保持一致，不对图片和表格的样式、效果、边框、形状进行更改。

- 数字：日期表达方式统一采用"年/月/日"格式；三级标题及以下统一使用"阿拉伯数字＋不同符号"进行标示，如三级标题为"1.、2.、3.…"；四级标题为"（1）、（2）、（3）…"；五级标题为"①、②、③…"；正文内出现的数字为宋体，五号字，黑色。

（4）初期排版经过审阅后，和出版部门沟通，以提高可行性，增强读者阅读体验，避免不必要的返工步骤。在整个桌面排版流程中，应确保没有出现因排版操作而造成的二次错误，否则会影响整个桌面排版的质量与效果。

（5）排版注意事项：翻译或本地化领域的桌面排版，是指采用某一语言的原始文档（如用户手册、产品样本、电子版手册等），按照一种或多种目标语言进行排版，形成不同的语言版本，即多语言排版。翻译或本地化桌面排版是在原始语言文件的基础上进行的排版工作，其基本原则是保持与源格式在版式、设计风格等方面的一致性。

此外，还须遵守相应的一般性规则：

- 避头尾字符。

- 中文的破折号和省略号，使用时两字字前后不加空格，必须连续且不折行。

- 不折行单元：有些词组应避免在行尾折行时分开到两行，为达到这一目的，排版时可将词组中的空格换用不断行空格。遇到产品名称（如 Windows 2000）、变量名称或英文单词(如 COMMNET_ID)、操作系统名称(如 Mac OS)、数字和单位(5 毫米)等时，皆适用此项规则。

- 避免孤行：尾页不得出现孤行，即在最后一页仅留有一行文字内容。一般情况下，须在尾页保留两行以上的文字内容。
- 避免孤字：孤字发生在段落的最后一行。通常情况下，段落的最后一行应至少包含两个中文字符(标点符号不算在内)。
- 标题或内容的断句：如果标题、表头、图注等因内容过长，必须分成几行时，则须按照意义单位及美观度来断句。断句时应尽量利用缩进方式，应避免使用软回车断句折行，以防在后续转存文档格式时出现强制回车的困扰。
- 标题不位于页尾：标题所在的位置若在页面下方近三分之一处，可考虑是否将此标题及内容移到下一页，若低于三分之一以下，则必须移到下一页。另外，一级标题通常设在一页的开头，若在页面中间时，尤其应注意避免其落到页面三分之一以下处。

f. 中期讨论

在项目行进中，如有需要，进行中期讨论，交流疑难问题，再次确认术语表。

g. 质量保证与审查

利用 Trados 中的 TQA(translation quality assurance)功能对译文质量进行检查，验证译文长度。例如，英译汉时，词字比应尽量控制在 1：1.72 左右，若词字比低于 1：1.5 或高于 1：2.0 时，可设定译文存在疑似质量问题，需要进行质量检查。最后，由项目责任人对翻译项目进行最后把关。

h. 总结信息反馈

项目提交之后，项目经理还需要进行总结工作，及时对项目作出成本核算和质量评估。团队成员应在项目经理的带头下，进行客户满意度调查，总结项目中遇到的问题和解决方案，及时进行归纳和总结，为日后的项目提供参考。另外，项目经理还应对所有翻译文件进行备份以供日后使用。

(1) 优化术语库，对所提取的术语进行统一确认，并与之前所做项目的术语进行对比分析与合并。

(2) 制作双语句对库。在确保翻译项目流程严格执行标准的项目管理流程以及满足特定质量保证参数的情况下，提取高质量的句对制作双语句对库，从而提高句对库的使用效率和效益。

(3) 整理专业通用词。将此次项目中摘录的典型例句与专业通用词用法进行整理，可用于培训翻译实力较弱的译员或是新译员。

(4) 总结此次翻译项目中译员与客户的信息反馈，维护良好客户关系并优化译员管理流程。

3. 翻译项目小结

本项目优点表现在：

（1）质量把控。本项目在开始之前，项目经理就根据德国翻译标准要求，预先制定了项目要求，并要求各位译员严格遵守，保证了项目的质量和译文的一致性。在项目进行期间，就进行了译文的互校，并定期召开项目小组会议，交流问题，提出解决方案。项目经理也在本次项目中担任了较好的领导角色，对每位译员的译文进行认真把关，不合格者退回重新修改，真正保证了最后提交的译文的质量，最大程度地满足了客户的需求。

（2）时间控制。本次项目对时间进度进行了严格的控制，在项目开始前就进行了时间规划，将工作量分为八等份，每两周提交一次译文，并且在项目中项目经理对译员进度进行抽查。在定期召开的项目会议中，各位译员也会汇报工作进度，以起到督促作用，最后译文得以按时提交，项目按时完成。

（3）风险控制。本次项目对项目中遇到的风险进行了很好的控制。项目中后期，一些译员由于工作负荷过大，工作量可能无法按时完成，于是项目经理对每人的工作量进行了重新划分，由一些任务量较轻且时间较充裕的译员为那些工作量大、时间紧的译员分担一部分工作量，以平衡整体进度，使得项目最终按时按量完成。

本项目虽然取得诸多成效，但仍然暴露了一些缺点。列举如下：

（1）记忆库管理。本次项目采取了 CAT 工具 Trados 进行翻译，但是由于翻译完的文件较小，未能及时纳入记忆库，导致在翻译过程中没有最大化利用机辅翻译软件的作用，除了在术语方面提高了翻译的便捷性与效率，其他方面与使用 Word 软件翻译差别不大。

（2）译文统一。由于各个译员的翻译风格和翻译水平参差不齐，导致每个译员的译文差异性较大，在译文风格上也有不同，最后只能依靠项目经理对个别译员的译文进行修改，但由于项目经理的工作量也较大，时间紧迫，无法充分顾及每个细节，最后提交的译文还是出现各个章节译文质量不一的问题。

（3）译文审校。在译文审校上，本项目采取了两两互校的形式。由于时间紧、任务重，在项目的后期，各位译员更多顾及的是自己的进度，而在审校方面有所放松，导致后期的审校环节出现了懈怠，最后只能依靠项目经理进行总校，增加了项目经理的工作量，也使项目后期译文质量有所下降。

总而言之，考虑到本项目的难度与任务量，本项目取得的成效显著，项目的流程时间分布合理,项目分工明确,每位译员各司其职,保证了项目的顺利完成。但是仍存在一些问题。产生这些问题的原因归根结底是由于译员的经验不够,实践不够深入,参与的翻译项目较少。译员需要提高自身的素质,增强自己的语言基本功,并参加更多项目,获取更多实战经验。同时,高校需要多多提供平台,为译员提供更多参与项目的机会,从而提高翻译项目管理的质量,显著提升中国翻译产业的国际竞争力。

本项目拓展题

个人思考题

(1) 翻译最重要的第一步是精细阅读原文,尤其是学术类著作。请就你在阅读和翻译本书的过程中遇到的问题,给作者写一封邮件,请教专业领域的问题。

(2) 学术类著作的翻译要达到出版的要求,一定要理解准确、表达严谨而且文笔流畅。请结合翻译过程中的表达难点,思考学术著作的翻译标准是什么? 它和文学翻译有什么不一样的要求?

(3) 学术类著作中重复的内容不是很多。请问如果利用 Trados 去辅助翻译,可以起到什么样的作用?

小组合作题

(1) 古登堡计划(Project Gutenberg)是美国的首个免费电子图书网站,由 Michael Hart 创建于 1971 年,为读者提供将近 5 万本各类书籍的免费在线阅读、检索和下载。请去网站(http://www.gutenberg.org/)寻找一本你们小组喜欢的书籍,按照本项目的程序,撰写一个翻译项目管理流程,一起翻译,一起修改,最后出版一本电子书,体验一下翻译出版一本书的酸甜苦辣。在这个项目过程中,每人模拟一个角色:项目经理、译员、编辑、审校、技术支持、专家和出版商,每人写个感想记录自己这份工作的欢乐和痛苦。

(2) 译言古登堡计划(Yeeyan Gutenberg Project)是一个长期的、多语种的、开放的协作翻译项目。请登录 http://g.yeeyan.org/blog/31,了解协作翻译项目协议,尝试应聘译者或者项目负责人,体验团队合作精神,完成一本书的翻译任务。

(3) 学术著作语言具有学术性、准确性、客观性和科学性。因此,译文不仅要忠实原文,还要保留原文的学术语言风格,对译者的要求比较高。请找一本学术著作的汉译本或者外译本,本着提高质量的初衷,找找其中的错误。

（4）学术著作中除了正文和注释外，还有其他各种问题需要注意。请分组去寻找解决表 8.4 所列问题的对策，并举例说明。

表 8.4　问题对策表

问　　　题	对　　　策
术语翻译	
人名、地名	
标点符号的用法	
图表的处理	
世纪和年代的用法	
斜体的翻译方法	
缩写样式的表示	
原作引文的处理	
冷僻词的处理	
边码标注方式	
索引	
参考文献	

（5）本地化所用的排版工具多为以下几类（适用范围可自由调整）：

- 文字处理：Word、PowerPoint；
- 专业排版：FrameMaker、QuarkXpress、InDesign、PageMaker、北大方正系统；
- 专业绘图：Freehand、Illustrator、PhotoShop；
- 付印：Adobe Acrobat Professional、Adobe Distiller。

请分工操作以上工具，排版一本 100 页以内的图文并茂的小书，练习排版技术，体验一下颜值带来的书本增值效果。

附录 1　翻译项目管理中的数据迁移

1. 项目背景

某翻译公司接受项目委托，须将一本与海洋工程有关的英文原版图书文档翻译成中文。该书共计 10 个章节，约 6 万词，期限为 10 天，项目计划采用计算机辅助翻译软件 SDL Trados 进行翻译。项目启动后，将原文以 Word 格式分配给译员，译员在完成译文后最终须向项目经理提交 .sdlxliff 文件。项目经理最初将任务安排给了两名译员，他们翻译风格相似，且在海洋工程英汉翻译方面经验丰富。

两位译员完成前四章的翻译后，由于种种原因，发现所花时间超过了预期，若继续按当前翻译速度进行，将无法在项目期限内完成翻译工作。为保证翻译质量和项目进度，项目经理又紧急寻找到一位翻译经验丰富且翻译风格与前两位相似的译员，但该译员只会使用另一款计算机辅助翻译软件 memoQ。这意味着，第三名译员在使用前两名译员的 Trados 格式术语库和记忆库以及最终向项目经理提交 .sdlxliff 文件时必须进行数据格式转换。

2. 项目管理过程中的数据迁移

1) 合并项目记忆库和术语库

项目启动后，项目经理将参考记忆库（不更新）和 Word 文档以项目文件包的形式分发给前两位译员。这两位译员在翻译时又各自创建了自己的项目记忆库（用于更新）和术语库。完成前四章的翻译后，两人相互校对并更新了项目记忆库，然后合并为一个项目记忆库。需要说明的是，两位译员在翻译过程中定期核对术语，统一术语翻译，所以此时只需将两人的术语库合并为一个项目术语库。两人将合并后的项目记忆库和术语库提交给项目经理，用于第三位译员的翻译工作。

2) 记忆库和术语库的数据迁移

由于第三位译员使用的是 memoQ，无法直接打开或使用 Trados 格式的记忆库和术语库,所以需要进行数据迁移,生成 memoQ 格式的记忆库和术语库。在项目管理中,译员应专注于翻译,其他问题最好由项目经理解决,因而数据迁移的任务交由项目经理完成。数据迁移的思路为导出数据和导入数据,具体导入导出的格式取决于这两款软件之间的相互兼容性。

a. 记忆库迁移

Trados 和 memoQ 中的记忆库都可以导出和导入 .tmx 文档,基于此,可以从 Trados 中的记忆库先导出 .tmx 文档,再导入 memoQ 的记忆库中。导出和导入操作过程如附图 1.1 所示。

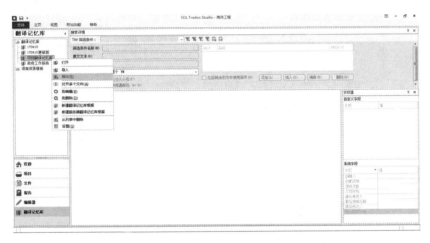

附图 1.1　从 Trados 记忆库导出 .tmx 文档

导出后得到文档如图：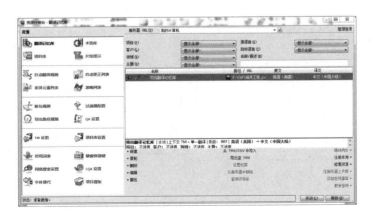。

然后项目经理用 memoQ 新建项目翻译记忆库,再将此 .tmx 文档导入记忆库中,如附图 1.2 所示。

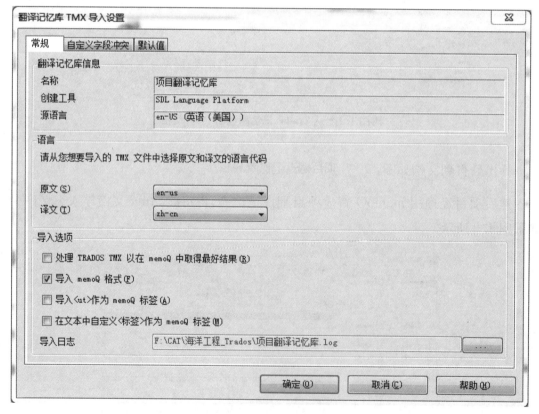

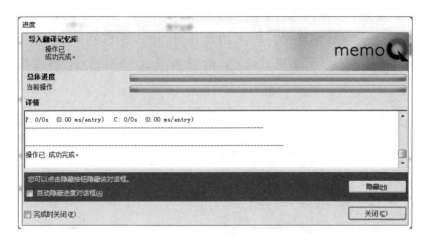

附图 1.2　将 .tmx 文档导入 memoQ 记忆库中

　　点击关闭,项目翻译记忆库迁移完成。之后,用同样的方法迁移参考记忆库,此处不再赘述。可以打开 memoQ 记忆库查看迁移内容,如附图 1.3 所示。

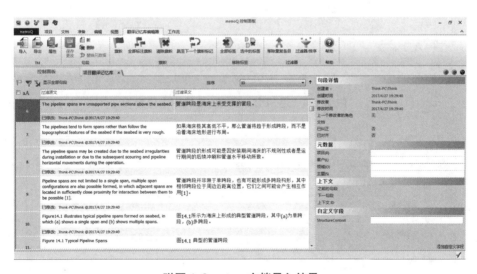

附图 1.3　.tmx 文档导入结果

b.　术语库迁移

　　Trados 所用术语库通过 SDL Multiterm 进行管理,包括导入和导出术语数据,而 memoQ 直接在该软件的术语库界面进行导入和导出术语操作。Trados 术语库可通过 SDL Multiterm 导出多种格式:Multiterm. xml 格式、.txt 格式(txt 文本可进一步制成 Excel 表格)、.htm 格式等,但只能导入 Multiterm. xml 格式的文本制作成术语库; memoQ 术语库可导出 Multiterm. xml 格式和 .csv 格式,也可导入 Multiterm. xml 格式、.csv 格式、.txt 格式、.xls 格式等制作成术语库。基于此,可知术语库的迁移有多种方法,取决于导出和导入的格式。通过比较可发现.xml格式是实现术语库在 Trados 和 memoQ 之间迁移的最佳选择。将术语库从 Trados 迁移到 memoQ,只需用 SDL Multiterm 导出术语库为.xml 格式文档,然后再导入 memoQ 术语库即可,如附图 1.4~1.6 所示。

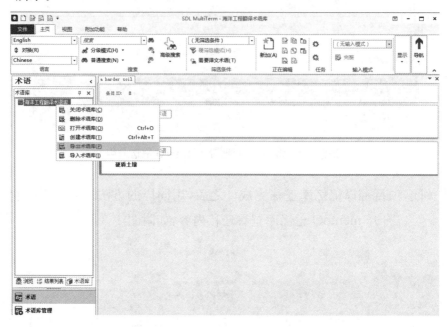

附图 1.4   用 SDL MultiTerm 导出术语库

附图 1.5   选择导出.xml 格式

项目翻译术语库.log

项目翻译术语库.xml

附图 1.6　导出得到的文档

项目经理用 memoQ 创建项目术语库，将导出的 .xml 文档导入术语库中，如附图 1.7 所示。

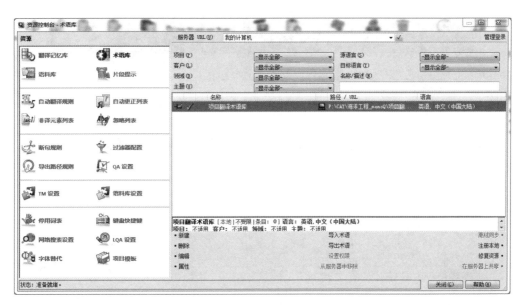

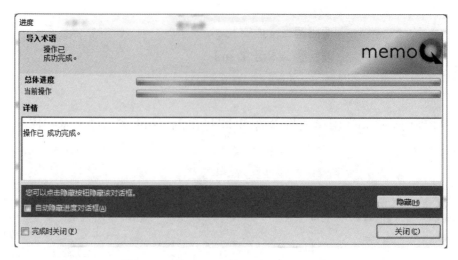

附图 1.7　将 . xml 文档导入 memoQ 术语库

点击关闭,术语库迁移完成。可以打开 memoQ 术语库查看迁移内容,如附图 1.8 所示。

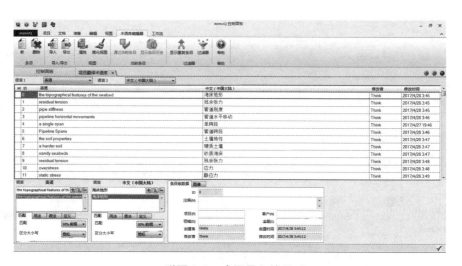

附图 1.8　术语导入结果

项目经理完成了记忆库和术语库从 Trados 到 memoQ 的数据迁移。接下来,项目经理重新分配翻译任务,三位译员每人分得两章内容。前两位译员已经有了项目文件包,且更新了记忆库和术语库,只需完成重新分配的任务即可。对于第三位新增译员,项目经理采用 memoQ 创建项目包,导入分配给第三位译员的 Word 文档,添加参考记忆库、项目记忆库和术语库,然后将项目包分发给第三位译员。

3）翻译文档迁移

三位译员在完成翻译后，须向项目经理提交 .sdlxliff 文件用于译文的审校。前两位译员使用 Trados 将翻译文档保存为 .sdlxliff 文件提交即可。第三位译员须将 memoQ 中的翻译文档导出为 memoQ xliff 文件（Trados 可以直接打开编辑）或 Trados 兼容的双语 Word 文档提交给项目经理，如附图 1.9 所示。

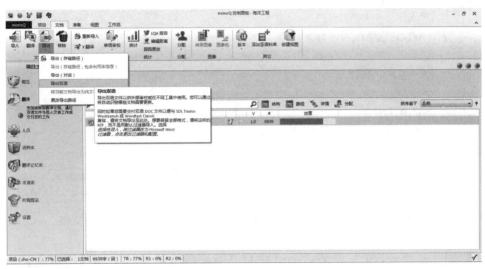

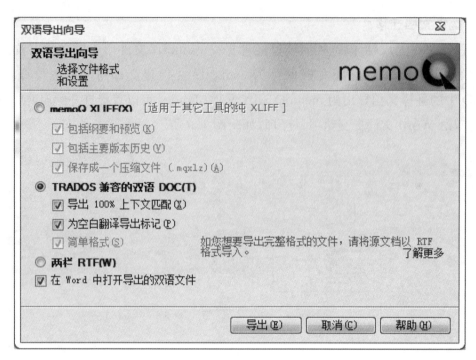

附图 1.9　从 memoQ 中导出 Trados 兼容的 . xliff 文件或双语 Word 文档

　　如附图 1.9 所示，勾选了"在 Word 中打开导出的双语文件"，则导出后文档自动打开，如附图 1.10 所示。

管道跨段是海床上未受支撑的管段。

如果海床极其高低不平，那么管道将趋于形成跨段，而不是沿着海床地形进行布局。

管道跨段的形成可能是因安装期间海床的不规则性或者是运行期间的后续冲刷和管道水平移动所致。

管道跨段并非限于单跨段，也有可能形成多跨段构形，其中相邻跨段位于周边近距离位置，它们之间可能会产生相互作用[1]。

图14.1所示为海床上形成的典型管道跨段，其中(a)为单跨段，(b)多跨段。

图14.1 典型的管道跨段

多跨中各跨段之间相互作用的趋势取决于土壤特性和两个邻近跨段的相对长度。

图14.2所示为管道跨段类型根据DNV-RP-F105[2]的分类。

在四种土壤类型中，邻近跨段的相对跨段长度与相对跨肩长度之间的关联性如图所示。

如果多跨的关联性在曲线上方，那么多跨应被视为多跨，否则就可以将该多跨视为单独的单跨。

较软的土壤趋于使跨段更短更少，相互作用的跨段少于硬质土壤的。

图14.2 跨段类型分类[2]

作为浅水区中多数砂质海床的典型特点，砂波区趋于扩展，其结果导致管道跨段持续移动，除非把管道降低至海槽水平。

安装期间跨段形成时的残余张力与管道沉没重量密切相关。

残余张力较大时趋于形成更多跨段，而且跨段长度较大。

较重的管道所形成的跨段一般较少且长度较短。

如果管道重量较大，安装期间所需的张力也较大，用以防止管道中出现过大的应力。

管道跨段会对管道运行的安全性和完整性产生关键影响。

通常在安装之前，可通过收集建议中的管道沿程的环境数据以及海底勘察情况来预测潜在的跨段。

基本的跨段长度标准包含有静应力、涡致振动所致的振动和疲劳损伤，以及下述管道跨段失效模式所致的杆屈曲：

附图 1.10　从 memoQ 中导出的双语 Word 文档

这里只能看到中文(英文被隐去),点击"显示编辑标记"即可看到英文,如附图 1. 11 所示。

{0>The pipeline spans are unsupported pipe sections above the seabed.<}100{>管道跨段是海床上未受支撑的管段。<0}

{0>The pipelines tend to form spans rather than follow the topographical features of the seabed if the seabed is very rough.<}100{>如果海床极其高低不平,那么管道将趋于形成跨段,而不是沿着海床地形进行布局。<0}

{0>The pipeline spans may be created due to the seabed irregularities during installation or due to the subsequent scouring and pipeline horizontal movements during the operation.<}100{>管道跨段的形成可能是因安装期间海床的不规则性或者是运行期间的后续冲刷和管道水平移动所致。<0}

{0>Pipeline spans are not limited to a single span, multiple span configurations are also possible formed, in which adjacent spans are located in sufficiently close proximity for interaction between them to be possible [1].<}100{>管道跨段并非限于单跨段,也有可能形成多跨段构形,其中相邻跨段位于周边近距离位置,它们之间可能会产生相互作用[1]。<0}

{0>Figure14.1 illustrates typical pipeline spans formed on seabed, in which (a) shows a single span and (b) shows multiple spans.<}100{>图14.1所示为海床上形成的典型管道跨段,其中(a)为单跨段,(b)多跨段。<0}

{0>Figure 14.1 Typical Pipeline Spans<}100{>图14.1 典型的管道跨段<0}

{0>The tendency of interaction between spans in the multiple spans depends on the soil properties and the relative length of two adjacent spans.<}100{>多跨中各跨段之间相互作用的趋势取决于土壤特性和两个邻近跨段的相对长度。<0}

{0>Figure 14.2 indicates the classification of pipeline span type by DNV-RP-F105[2].<}100{>图14.2所示为管道跨段类型根据DNV-RP-F105[2]的分类。<0}

{0>The relationships of the relative span length of adjacent spans to the relative span shoulder length for four soil types are shown in the figure.<}100{>在四种土壤类型中,邻近跨段的相对跨段长度与相对跨肩长度之间的关联性如图所示。<0}

附图 1. 11　从 memoQ 中导出的双语 Word 文档

3. 审校和输出译文

项目经理收到三位译员的文档后,用 Trados 新建项目,导入文档,进行审校(可由项目经理或第三方进行审校)。审校完毕之后需要输出译文,对于前两位译员的 . sdlxliff 文档,可以正常执行"译文另存为"输出译文。但第三位译员的文档则需要数据转换才能输出译文,转换方法如下。

第一种方法:项目经理审校完第三位译员发回的文档之后(memoQ xliff 或者 Trados 兼容的 Word 双语文档皆可),将其保存为 . sdlxliff 格式。然后在 Trados 中新建项目,导入分配给第三位译员的英文原文 Word 文档,再添加上述 . sdlxliff 文档应用 PerfectMatch 进行预翻译处理,最后输出译文[见附图 1. 12 和附图 1. 13]。

第二种方法:项目经理审校完第三位译员发回的文档之后(memoQ xliff 或者 Trados 兼容的 Word 双语文档皆可)将其保存为 . sdlxliff 格式,然后用 Trados 新建一个记忆库(假设命名为"项目记忆库 3"),导入上述保存的 . sdlxliff 文档。这样项目记忆库 3 中就保存且仅保存了审校后的第三位译员的原文和译稿。接下来,项目经理将分

附图 1.12　添加 .sdlxliff 文档应用 PerfectMatch

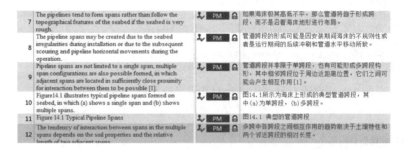

附图 1.13　应用 PerfectMatch 的处理结果

配给第三位译员的英文原文 Word 文档导入 Trados，然后利用刚刚生成的项目记忆库 3 进行预翻译，最后输出译文（见附图 1.14 和附图 1.15）。

附图 1.14　利用记忆库预翻译文件

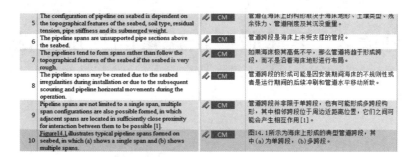

附图 1.15　预翻译处理结果

　　第三种方法：项目经理要求第三位译员提交其 memoQ 项目记忆库，然后项目经理利用迁移记忆库的方法，从 memoQ 的项目记忆库中导出 .tmx 格式文档，再导入 Trados 记忆库，接下来再按照上述第二种方法处理，即可将译文输出。

　　项目经理将三位译员的译文输出后进行整合，然后向委托方交付译文。

（本附录由上海交通大学外国语学院 2016 级 MTI 学生咸亚娟提供）

附录2 笔译服务工作量的计价方法

　　随着全球化的不断发展与"中国文化走出去"的新时代号召,翻译服务作为沟通语言、交流文化的直接手段,已然并将继续在社会、经济与文化等多方面的生活和国家、社区、家庭与个人等不同的层面发挥无法替代的作用。尽管近年来计算机与信息技术的发展使得机器翻译的质量和效率越来越高,对整体翻译行业(包括翻译、编辑和校对等)有所冲击,但传统翻译工作实际上并未像很多人预料的一样"被机器所取代",特别是针对中高端客户的口笔译翻译服务市场需求量仍然很高。

　　随着翻译市场的不断扩大与发展,为了规范行业行为、提高翻译服务质量,中国标准化协会于 2003 年 11 月 27 日颁布了《翻译服务规范·第一部分笔译》(Specification for Translation Service—Part 1: Translation,以下简称《翻译服务规范(GB/T 19363.1-2003)》),第一次为翻译行业制定国家标准,并以国标的形式对翻译服务方的业务接洽、业务标识、业务流程、保质期限、资料保存、顾客意见反馈、质量跟踪等方面提出了规范性标准,并在 2008 年 7 月 16 日发布了该标准的修订版《翻译服务规范(GB/T 19363.1—2008)》,修改并进一步完善了规范内容。然而,该修订版仅仅提供了一套总领式、大纲式的流程规范,并未明确具体的可操作细节。以收费标准为例,规范中仅明确提到翻译业务应详细记录"约定的收费价格"(第 4.2.3.1 条),"附加服务须另行结算"费用(第 4.2.4.1 条),却没有提供可供参考的收费标准或定价方式。再以计字方法为例,规范中第 4.2.4.5 条"计字方法"规定:

　　计字一般以中文为基础。在原文和译文均为外文时,由顾客和翻译服务方协商:
　　● 版面计字:以实有正文计算,即以排版的版面每行字数乘以全部实有的行数计算,不足一行或占行题目的,按一行计算;
　　● 计算机计字:按文字处理软件的计数为依据,通常采用"字符数(不计空格)"。

　　以上整段规定中既未包括"由顾客和翻译服务方协商"的具体推荐解决方案,也没有明确"文字处理软件"的具体名称、供应商与版本号,显然并不足以作为翻译公司或个人的"报价指南"。

而目前国内翻译公司的通行计价方法一般是:当源语言为中、日、韩语时,按源语文本的字数计价,具体的字数统计参照 Word(2003 版本)工具栏中的"工具"—"字数统计"的"字符数(不计空格)",或 Word(2007 版本)工具栏中"审阅"—"字数统计"的"字符数(不计空格)";当源语言为英、法、德、西、葡、俄等语种时,先按 Word 统计工具的统计字数填写或预估翻译价格,但最终按译后文本的中文字数计价。

这样的传统计价方法显然存在着不少弊端:将很多外语译成中文时,顾客只有在拿到最终译稿后,才能知道自己到底应该支付多少翻译费;此外,同一份资料可能会因译文的精炼程度不同而产生很大的费用差异。

基于以上的行业宏观背景,本部分将着重分析国内外目前通行的翻译服务计价标准,特别是单词数计价和字数计价的常见操作流程,试图找出并解决翻译项目报价中某些值得商榷或明确的问题,为完善尚不健全的翻译服务市场规范体系、实现翻译服务的国际化接轨提供一些建设性意见。

1. 字母文字的单词数计价法

对于以字母为基础的表音文字(如英语、法语等),最常见、使用范围最广的计价方法是按照源语文本的单词数进行计价(source-based word count)。使用源语文本的原因显而易见:在翻译项目开始前没有译后目标语文本作为既得资源,也难以准确预测目标语文本的具体情况。而之所以选择单词数作为统计项,是因为拉丁字母文字的词汇是能够独立运用的最小语言单位,可以作为翻译工作量的一个易于核实的客观度量标准(metric)。此外,获知翻译源语文件单词数还有助于制定翻译项目时间表,使供应链团队能够尽早确定各类所需资源,并能够确保支付费用不超过客户的预算。

然而,尽管人们往往凭直觉认为统计文本的单词数易如反掌,实际却并非如此。观察单词数统计在翻译行业的实际使用,至少存在以下两个主要问题。

其一,选择不同软件和方法会得到互有出入的结论。例如,尽管无具体数据作为依据,但很多人(特别是非翻译行业人士)都习惯于使用 Microsoft Word(以下简称 MS Word)软件的字数①统计功能来获知单词数信息。一些翻译公司或自由译者则可能选

---

① "单词数"和"字数"是极易混淆的两个概念。在表音文字或字母文字(如英语、法语等)中,"单词数"和"字数"都是指词汇(word)的数目,但语素文字(如汉语、日语等)的"字数"和"单词数"是不同的概念。例如,"今天天气晴"的字数为 5,但单词数为 3(分别为"今天""天气"和"晴")。因此,"Chinese word count"实际上是指"中文字数统计"而非字面上的"中文单词数统计"。

择在专业翻译软件 SDL Trados Studio（2009 以后的版本）中创建翻译项目，并对源语文件进行预分析并生成分析报告，从而获取句段、字数、字符数等信息。此外，其他翻译或本地化软件（如 memoQ 等）大多也都具备类似的字数统计的功能。然而，稍加对比便会发现，针对同一文件，不同软件的字数统计结果往往存在或大或小的差异。例如，根据用户 Stephanie Moore 在 SDL 软件社区（SDL Community）发表的一个问题描述，针对同一份英文文档，MS Word（注：未指明版本）给出的字数统计（不含空格）结果为 5,356 个，而 SDL Trados Studio 2014 的字数统计结果则为 5,761 个，两者相差高达 7%。更甚的是，即使是同一供应商出品的软件，也会由于版本的不同（如 Trados Studio 的 2009、2011 和 2014 版本）而得出不同的结果。例如，在 Trados Studio 2015 和 2014 等不同版本中创建翻译记忆库时，领域与设置（Fields & Settings）选项下单词认定（recognize）和计数原则（count as one if words）的默认设置不同（2017 版为"字段和设置"界面下的"识别"和"将满足下列条件的单词计为一个单词"）。结果导致在默认不修改设置的情况下，使用不同版本的 Trados Studio 分析同一个翻译记忆库，会得到有差异的字数统计结果。

造成统计字数差异的主要原因是各类软件（和同一软件的不同版本）对某些表音文字特殊文本的字边界（word boundary）的定义和规定不同。易造成字数统计差异的文本包括标点、项目符号列表（bulleted lists）、数字编号列表（numbered lists）、隐藏文本（hidden text）、如"poly（N-isopropyl-acrylamide）"（聚丙烯酰胺）的化学名称（chemical names）、日期时间、超链接（hyperlinks）、域链接（linked domain）以及包含百分号（percent）、斜线（slash）、连字符（hyphen）和各类破折号（dash）的词语等。例如，超链接在 MS Word 中不计入单词数，但在 Trados Studio 中参与计数。由于各软件目前尚无统一的分词标准，翻译服务提供者与客户往往需要在报价或计价前进行协商，以明确计数工具软件，避免事后纠纷。

其二，某些格式的文件难以进行字数统计。以上提及的翻译或文字处理工具大多只能统计文本格式的内容，对表格、幻灯片、图片、PDF、音频或视频文件则并不适用。在这种情况下，翻译人员往往需要对文件进行必要的预处理，以得到可用于统计和翻译的文件类型（例如采用 OCR 技术将 PDF 文件中以图片格式存储的文字内容转换为文本格式并进行字数统计）；或人工计数（例如使用 PhotoShop 等图像处理软件来翻译图片中的文字，人工数出翻译字数并进行记录）；或选取其他的计价方法（如音视频文件的翻译常以时长或目标语文件的字数计价）。

当翻译项目的体量较小时，以上两个问题对翻译计价（或报价）造成的阻碍可能并不大，仅需要翻译服务提供方增加少数译前或译后处理环节，或付出额外人工劳动；然而,在实施体量更大的翻译项目时,细微的差别可能被放大,成为棘手的问题。例如,当不同软件得出的统计结果将造成数以万计或更高额的费用差异时,服务双方间的协商可能陷于举步维艰、进退两难的局面。

除按源语文本的单词数计价外,国外翻译公司有时也会采取以目标语文本的单词数计价的方法。部分典型场景包括:①音频或视频文件的翻译;②源语翻译文件无法电子化(因而无法对源语文件的单词数进行计数);③审校和校对服务等。

2. 语素文字的字数报价法

与单词数计价方法不同,国内翻译公司多采取按字数计价的方法(特别是当中文为源语语言时)。本质上来说,按字数计价可以视作字符数计价法(character count)的变体,因为若忽略标点符号、数字、日期、超链接等各类特殊文本对字数和字符数的不同影响,中文文本的字数与字符数严格满足 1∶2 的比例关系。中文本质上说是一种语素文字(logographic language 或 character-based language)。语素文字区别于单词长短不一的字母文字,往往使用一个标志(symbol)或符号(sign)来代表一个语素,而由一个或多个语素组成词汇,再由词汇组成短语或句段。具体到中文,每个汉字都占有两个字符,具备作为反映翻译工作量之度量标准的客观要求。此外,确定语素文字文本的单词数往往涉及语义分析和自然语言处理技术(natural language processing, NLP),过程较为复杂、个体间差异大,且不易于证实(non-verifiable)。综合以上原因,针对语素文字,字数计价法比单词数计价法更直观简单。

在《翻译服务规范(GB/T 19363.1－2003)》下的《翻译稿件的计字标准》试行文件①第 3.2 条规定:

电脑计字按计算机"视窗 XX"软件 WORD 文件中,工具栏内"计数"框里"字符数(不计空格)"的实际字数计数。资料中附图、表格的剪贴和排版费用等,应另行计算。

尽管这种方法明显存在上文已详细讨论的两种主要问题隐患,但仍是我国翻译行业目前通用的计字方法。

另一方面,在处理源语语言为语素文字的翻译项目时,惯于使用单词数计价法的国外翻译公司有时也会采取换算法,通过源语文本的字数来估算目标语语言(一般为拉丁字母文字)的单词数,或计算不同语言对间的翻译单价。例如,日语与英语的字数/单词

---

①　截至目前,尚无发布更新的《翻译稿件的计字标准》试用文件或正式文件。

数比例大致为 2.5∶1,即 1,000 个日文字大约对应 400 个英文单词。因此,如果某家翻译公司的英译日报价为每个单词 20 美分,则日译英报价应为单字 20/2.5＝8 美分;如果中文与英语的字数/单词数比例大致为 1.8∶1,则可以计算日语与中文的字数比例大致为 2.5/1.8≈1.39∶1。

值得注意的是,无论是已正式取代了欧洲语言服务标准 EN15038 的国际翻译服务流程标准 ISO17100,还是我国的《翻译服务规范(GB/T 19363.1—2008)》,都没有对不同语言对间的字数或单词数比例做出规定[①]。因此,各翻译服务提供者往往基于各自的翻译经验和样本数据确定该用于计算的比例,导致了较大的个体间差异,也使客户在议价时可能因信息不对称而处于比较被动的局面。

3. 其他计价方法

除单词数计价和字数计价方法外,语言翻译服务也常使用其他定价标准。

当翻译项目的工作量无法按照字数进行量化时,一般采取按翻译时间计费的处理方法。典型的此类翻译服务包括:编制专业术语表(glossary development)、常规翻译流程外的调研工作、大量的数值和计量单元转换、编制图形插图编号(graphic callouts)、常规版面调整以外的排版(formatting beyond simple copy fitting)、图片翻译等。此外,编辑或校对人员也常常根据翻译工作时间计费;针对一些小型翻译项目,译者也往往有基于工作时间的最低收费门槛。

一些较为特殊的翻译项目可能会采用按页计价的方式来进行结算,而另一些项目(特别是出版业翻译项目)往往会以版面每行字数/单词数乘以全部行数来估算字数/单词数。

国内翻译服务提供者有时也会为了迎合国外客户的需求而选择按照外文(无论是源语还是目标语语言)单词数计价。

4. 反思与展望

值得注意的是,已于 2011 年 2 月停止运营的非官方翻译与本地化行业组织 LISA(Localization Industry Standards Association)下属的 OSCAR 机构(Open Standards for Container/Content Allowing Re-use)曾提出全球信息管理度量交换标准 GMX(Global Information Management Metrics Exchange),以统一各翻译服务参与者对本地化项目的分析方法和本地化业务的度量方法,解决本地化处理的不透明问题,降低本

---

① 考虑到文体(如广告、小说、技术文章等)、行业、外部要求(如字数、版本等要求)等各种因素对翻译文本风格和字数/单词数的影响,要确定该比例也并非易事。

地化过程中预算、报价和资源安排方面的投入成本。虽然 GMX 家族标准未在 LISA 组织停摆以前全部完成,但 OSCAR 于 2007 年发布的 GMX-Volume 以下简称"GMX-V"标准 (url:https://web. archive. org/web/20110103063522、http://www. lisa. org/fileadmin/standards/GMX-V. html)对量化翻译工作量和未来制定《翻译服务规范》均有很强的参考价值。

简单来说,GMX-V 标准能够依据 Unicode 文本分词(Unicode Standard Annex ♯29,简称为 UAX♯29,url:http://www. unicode. org/reports/tr29/)中对字形集群 (grapheme cluster boudaries)的定义对大多数字母文字文本进行文本分词,并为提交的翻译文件生成标准化的分析报告,提供单词数、字符数等各类统计数据。由于 Unicode 文本分词不适用于包括中文在内的语素文字,GMX-V 标准中还规定了部分语素文字与英语间的换算比例,如附表 2.1 所示。

附表 2.1　GMX-V 标准中规定的一些语言字数与英文单词数的比例

语 言 种 类	平 均 比 例
中文	2.8:1①
日语	3.0:1
韩语	3.3:1
泰语	6.0:1

总而言之,翻译服务的计价方法比较多样,具体方案选择会受到项目的具体内容和特点等因素的影响,需要客户、翻译公司和译者三方(或是客户和自由译者双方)共同商议确定。然而,由于缺少必要的计价指导,目前的翻译市场也存在着盲目打"价格战",求多求量而使得翻译质量良莠不齐的问题。一个好的计价方案有助于帮助利益各方对翻译项目的质量、成本、价格、周期等要素进行合理客观的判断。衷心希望中国翻译协会、中国标准化协会和中华人民共和国国家市场监督管理总局能够尽快完善《翻译服务规范》中的翻译服务计价实施规范相关内容,以进一步提高翻译服务效率、降低各方成本,促进整个翻译行业的健康快速发展。

(本附录由上海交通大学外国语学院 2016 级 MTI 学生程亦曲提供)

---

① 作者注:2.8:1 与国内业界公认的 1.8:1 的比例相去甚远,值得商榷。

1. 我国图书翻译出版的流程①

图书的引进、翻译和出版在本质上讲是图书产品在中国市场的一个本地化过程,翻译之后的图书须符合我国的出版管理规范,适应我国的图书市场环境,为中国读者认可和接受。为了实现上述目的,出版社在对引进版图书进行针对中国图书市场的本地化操作时,在出版实践中总结出了一套成熟的机制和流程,大致可分为 6 个阶段,如附图3.1 所示。

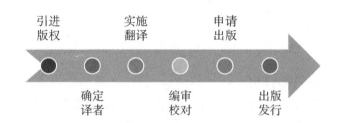

附图 3.1 我国图书引进、翻译和出版的流程

1) 引进版权

中国于 1992 年 7 月 30 日正式加入《世界版权公约》,因此要翻译出版版权保护期内的图书,出版社都要严格履行版权引进手续,合法依规引进版权之后才能展开翻译和出版。近年来,中国加大知识产权保护力度,连续出台了许多保护知识产权的纲要文件,如《2019 年中国保护知识产权行动计划》。版权引进是引进图书翻译出版的第一步,也是极为关键的一步,否则无法在国内出版。在信息时代,公众对资讯的需求愈发迫切,图书市场上的消费热点可能转瞬即逝。出版社为了把握市场动态,抢占消费热点,会在外文图书尚在编撰过程中就提前购买版权,并迅速组织翻译和出版,因此出现了一

---

① 各出版社的出版流程不完全相同,本节介绍的流程仅供参考。

本图书的多语种版本在国内外同步上市的现象,甚至国内版本比国外版本提前上市的情况也时有发生。目前国内出版机构在购进图书版权时,主要通过专业的国际版权代理机构购买。

2) 确定译者

在图书翻译出版过程中,译者所提交的译文质量是图书翻译出版质量的基础和重要保障。尽管出版社收到译稿后会严格按照图书出版的"三审三校"流程对译文质量进行全方位把控,然而编辑的精力有限,其编审校对工作自然不可能变相成为图书的重译工作。因此,为了控制图书译文质量,编辑会严格挑选译者,主要从译者简历、试译质量、试译沟通等环节综合考虑,最终确定合适的译者人选。在评估简历时,编辑重点关注译者的双语能力、专业背景、工作性质、翻译经验(尤其是相近领域图书的翻译出版经验)、可支配时间、沟通协调能力等。这些因素都是综合评判译者能否在规定的时间内高质量完成图书翻译的重要依据。

3) 实施翻译

翻译实施阶段基本上由译者独立主导,对译文质量和翻译效率负责。翻译之前,编辑会根据具体图书的题材、时效性、目标读者等提出具体的翻译质量要求,提供译文风格指南等参考资料,包括语言风格、原文的忠实程度、特殊信息的处理方式等,并约定返稿的形式。在出版社现有的翻译管理模式之下,编审环节与翻译环节实际上是割裂的,翻译环节事实上处于编辑质量监管的盲区,潜藏着一定的风险。为了规避此类风险,出版社的通行做法如下:对于有合作经验、能力和态度可靠的译者,编辑允许在约定的翻译截止日期之前,一次性提交译文定稿;对于没有合作经验的译者,编辑通常采用分期交稿的方式,以此掌握翻译进度,并对翻译质量进行监督,必要时提出反馈及修改意见。分期收稿这种方式有助于编辑及时发现问题并介入处理,如给出质量反馈,敦促译者在后续稿件中改进质量,或者终止合同并替换译者等。

4) 编审校对

编审校对流程概括起来就是"三审三校",具体内容如附图3.2所示。每个环节各有侧重,由不同的负责人完成。三审由编辑完成;三校由校对完成。编辑负责内容价值,校对负责文字质量。"三审三校"的核心意义在于保证文稿质量,便于编辑掌握稿件内容,进行文本分析,形成策划方案。

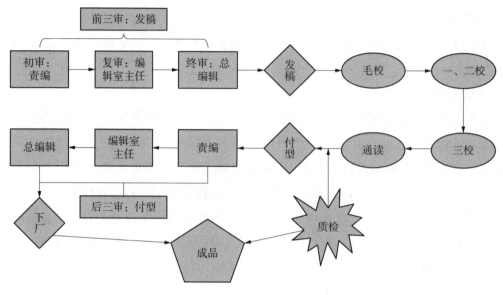

附图 3.2 "三审三校"流程图

a. 审读和改稿原则

编辑是连接作者和读者的中间节点,是作者表达、语言规范、编辑出版规范、市场需求等多方面矛盾的集中点。编辑改稿是为了提升图书的品质和价值,让读者拥有更好的阅读体验。

b. 编审校对的形式

编审校对通常采用纸质稿或电子稿方式进行,根据编审校对人员的个人喜好或出版社惯例而定。在此环节,编辑校对人员会在稿件上留下详尽的修改痕迹及必要的批注说明等。编辑审校手稿包含了大量有用信息,对于翻译学习者和研究者而言是极好的学习翻译、研究翻译的宝贵资料。

c. 制图、排版、封面设计

要让图书以读者乐意接受的产品样式呈现出来,图书的制图、排版和封面设计发挥着极其重要的作用,因而出版社对此极为重视,负责排版制图的均为专业人员。有些图书的中译本封面设计还须征得外方同意才能最终确定下来。对于一些重点图书,其封面设计往往要修改数十次才能定稿,因而这是一个时间耗费较多的过程。

5) 申请出版许可

书稿经过"三审三校"流程,达到出版质量标准后,由出版社向当地新闻出版局实名申领书号并进行 CIP 备案。书号即 ISBN,是合法出版书籍的统一编号,由新闻出版总署分配给各出版社;CIP 指图书在版编目(Cataloguing In Publication),CIP 数据是依据一定的标准,为在出版过程中的图书编制书目数据,经图书在版编目产生的并印刷在图书主书名页背面或版权页上方的书目数据。书号和 CIP 数据是在国内出版图书不可缺少的两个必要数据。如果没有,就只能用作内部资料,不允许定价和销售。如果书中包含地图,出版社还须申请地图审图号。根据自然资源部颁布的《地图审核管理规定》,出版地图或附着地图图形的产品,出版社当依照规定向有审核权的自然资源主管部门提出地图审核申请;申请批准后,核发地图审核批准文件和审图号。

6)出版发行

图书完成地图审图号、书号、CIP 数据申请之后,便进入下厂印刷阶段。图书入库、上市以后,编辑便可向译者寄送样书。

2. 云彬翻译社区图书翻译成功案例

云彬翻译社区组建于 2015 年,专注于图书翻译实践,服务于翻译人才培养。社区积极发挥高校翻译师生团队优势,以严谨的态度、过硬的质量和较高的效率,在国内 60 多所高校、数百位翻译师生的支持参与下,采用"翻译经验+翻译技术+翻译协作"模式,为北京大学出版社、广西师范大学出版社、中信出版社、外语教学与研究出版社、译林出版社、化学工业出版社、湖南科技出版社等 20 余家出版机构翻译完成图书 400 余本,已出版图书近 200 本,涵盖历史、文学、哲学、管理、科技、心理学、家庭生活等领域,涉及英、法、德、俄、日、韩、西等十余个语种。附表 3.1 所示为云彬翻译社区翻译出版的部分图书案例。

附表 3.1　云彬翻译社区翻译出版的部分图书

译 著 名	译 者	出 版 社	说 明
《组织人》	徐彬等	北京大学出版社	MTI 导师带领学生 CAT 全流程协作翻译完成
《欲望之地》	孙路平　付爱玲	北京大学出版社	校际翻译教师之间 CAT 全流程协作翻译
《像社会学家一样思考》	梁爽	北京大学出版社	在 2019 年被重庆翻译学会评选为科研成果二等奖
《诺曼人简史》	陈友勋	化学工业出版社	在 2019 年被重庆翻译学会评选为科研成果二等奖
《遗骨会说话》	温雅　李金泽	中信出版社	MTI 学生在 CAT 全流程中协作翻译
《从部落到国家》	陈友勋	中信出版社	陈友勋因此书获得中信出版集团"2020 年度译者"称号
《企鹅科普系列》	数十位 MTI 师生	中信出版社	多位 MTI 导师带领学生协作翻译完成

译著名	译者	出版社	说明
《尼赫鲁世界史》	梁本彬等	中信出版社	5 位教师协作完成，译文 100 余万字，4 个版本同时出版
《千年英欧史》	李天云　窦雪雅	中信出版社	外校导师与 MTI 学生远程 CAT 协作翻译完成
《平均的终结》	梁本彬　张秘	中信出版社	校际翻译教师协作翻译完成，译者受邀在读书会分享此书，读者认可度高
《学校的女巫》	梁爽	中信出版社	有声书出版
《阅·美苏州》	李海峰	外语教学与研究出版社	苏州市对外宣传用书

3. 图书翻译出版流程的启示

从全流程考察图书的翻译出版，从宏观视角审视翻译图书的生成过程及重要的影响制约因素，无论对翻译学习者还是翻译研究者，都有重要的启示意义。

（1）编辑对译文的修改是有限度的。当前我国出版行业发展迅猛，在资金压力、市场热点等因素的驱使下，图书出版的效率也大幅提高，每位编辑负责的图书编审任务异常繁重，因而编辑更希望译者所提交的译稿基本达到出版质量要求，从而减轻编审压力，提高出版效率。译者即便通过了试译，如果后续译稿质量达不到要求，编辑也会要求译者返工，甚至替换译者。对于缺乏图书翻译经验的译者，如果想获得图书翻译机会，在试译及正式翻译阶段，一定要寻求图书翻译经验丰富而且可靠的人帮忙修改润色，以此积累图书翻译出版经验。

（2）尊重编辑对译文的质量判断。在编辑队伍中，虽然不是所有人都有翻译专业背景，但是能从事编辑工作的都有着突出的图书编审能力，熟悉出版物质量规范，清楚当前的语言规范，深知图书市场的发展动向，对当代读者的阅读习惯和期待也了然于心，因而对图书翻译质量有着动态的把握能力，其编审、校对工作对提升图书的品质发挥着决定性的作用。编辑眼中的翻译质量标准不是纯理论探讨的静态质量标准，而是着眼于图书翻译出版销售全局，因而具有更强的目的性、针对性和适应性。面对编辑对译文的编审加工，译者应秉持尊重、理解、支持的态度，而不是单纯按照理论层面的翻译标准坚持己见，不允许编辑改动译文。

（3）译者应有强烈的契约意识。我国的图书译者绝大多数为兼职，图书翻译行为都是自发而自愿的，译者需要积极遵守合同条款，关于翻译质量、翻译交稿日期，以及有关翻译协作和翻译技术使用的条款,需要译者慎重对待。近年来,由于部分缺乏翻译协作经验和翻译技术使用经验的老师造成了一些引人注目的图书翻译事故,因此有出版社出于对翻译质量的担忧,在翻译合同中明确规定禁止使用机器翻译和计算机辅助翻译系统,也禁止未经事先允许就让学生参与翻译。个别翻译教师由于缺乏翻译协作经验和手段,在翻译合同明确禁止的情况下,贸然让数十位学生同时参与翻译项目,最终导致翻译项目被迫终止。因此,遵守图书翻译合同条款是保障翻译顺利进行的前提条件。

(4) 重视图书翻译中的版权。中国于 1992 年正式加入《世界版权公约》,在中国境内出版的图书都受到版权保护。图书翻译权是图书版权的一种,同样受法律保护。由于对图书翻译权的忽视,个别译者私下翻译尚在版权保护期内的图书,并希望自费出版。这种做法是不可取的,一是译著无法出版,会给译者带来经济和时间上的损失;二是在未经授权的情况下翻译图书用于出版目的,还会承担法律责任。近年来,不少院校对 MTI 学生毕业翻译报告的翻译选材有明确要求,规定学生用于毕业翻译报告的图书需要得到翻译授权,或者在毕业答辩之前不能有译本面世。个别学生贸然从网上购买最新出版的外文图书进行翻译,此举可能带来的后果是,毕业报告还没有写完,所选图书的译本已经上市,整个毕业设计可能面临推倒重写的风险。因此,有意愿翻译图书的教师和学生,在翻译受版权公约保护的图书时,一定要事先取得购进该图书版权的出版机构的翻译授权。

(本附录由梁本彬老师提供)

参考文献 ▶▶▶

［1］Gottlieb H. Subtitling: People translating People [J]. University of Copenhagen, 1994:101.

［2］Jorge Diaz-Cintas, Aline Remael. Audiovisual Translation, Subtitling [M]. Taylor and Francis, 2014:8-9.

［3］Tao, Youlan. Towards a constructive model in training professional translators: A case study of MTI education program in China [J]. Babel, 2012(58),3:289-308.

［4］陈露. 翻译项目管理浅析[J]. 文学教育(上),2014(01):122-123.

［5］崔启亮,李闻. 译后编辑错误类型研究——基于科技文本英汉机器翻译[J]. 中国科技翻译,2015,28(4):19-22.

［6］崔启亮. MTI 翻译技术教学体系设计[J]. 中国翻译,2019,40(05):80-86.

［7］樊才云,钟含春. 科技术语翻译例析[J]. 中国翻译,2003(1):57-59.

［8］何昆仑. 翻译项目管理流程研究[D]. 上海师范大学,2015.

［9］侯国金. 语言学术语翻译的系统—可辨性原则——兼评姜望琪(2005)[J]. 上海翻译,2009(02):69-73.

［10］黄忠廉,李亚舒. 试论汉译术语规范的原则与方法[J]. 科技术语研究,2004(03):18-22.

［11］姜望琪. 论术语翻译的标准[J]. 上海翻译,2005(S1):80-84.

［12］李瑞林. 从翻译能力到译者素养:翻译教学的目标转向[J]. 中国翻译,2011(1):46-51.

［13］李照国. 论中医名词术语的翻译原则[J]. 上海科技翻译,1996(03):31-33.

［14］刘敬国,陶友兰. 突破传统,自主学习——建立以学习者为中心的 MTI 笔译能力培养模式[J]. 东方翻译,2011(05):18-22.

［15］陆强,罗洪燕,王丽萍. 大数据背景下的译后编辑项目研究[J]. 中国科技翻译,2019,32(3):35-37+26.

［16］马清海. 试论科技翻译的标准和科技术语的翻译原则[J]. 中国翻译,1997(01):28-29.

［17］孟福永,唐旭日. 效率为先:机器翻译译后编辑技术综述[J]. 计算机工程与应用,2020,56(22):25-32.

［18］潘月. 论家用电器说明书的翻译. 中国科技翻译,2003(2):44-47.

［19］钱多秀. "计算机辅助翻译"课程教学思考[J]. 中国翻译,2009,30(04):49-53+95.

［20］秦亚青,何群. 英汉视译[M]. 外语教学与研究出版社,2009:26.

［21］屈文生,章博,石伟,朱鹏飞. 法律英语核心术语:实务基础[M]. 北京:清华大学出版社,2007:113-114.

［22］申连云. 中国翻译教学中译者主体的缺失[J]. 四川外语学院学报,2006(01):136-140.

［23］汤思敏. 关于中医术语翻译原则的探讨[J]. 中医学报,2010,25(03):555-557. DOI:10.16368/j. issn. 1674-8999. 2010. 03. 105.

［24］陶友兰,刘敬国．以提高译者能力为中心的翻译硕士笔译教学综合模式新探［J］．外语教学理论与实践,2015(04):87-91．

［25］陶友兰．我国翻译教材建设与翻译学学科发展［J］．上海翻译,2017(06):83-88．

［26］万宏瑜,杨承淑．同声传译中顺译的类型与规律［J］．中国翻译,2005:73．

［27］王传英、崔启亮．本地化行业发展对职业翻译训练及执业认证的要求［J］．中国翻译,2010(4):76-79．

［28］王慧．浅谈英语专业翻译教学的模式以及翻译人才的培养［J］．山东社会科学,2016(A1):536-537．

［29］吴昊．翻译术语库的构建与术语构成［J］．中国科技翻译,2018,31(02):21-23+8．

［30］闫婷．浅析医学英语术语的分类与翻译策略［J］．大学英语(学术版),2010,7(02):97-100．

［31］杨玉婉．神经机器翻译的译后编辑——以《潜艇水动力学》英汉互译为例［J］．中国科技翻译,2020,33(4):21-23,42．

［32］张晶晶,戴琪．中医名词术语翻译"五性"原则［J］．北京中医药大学学报,2006(11):740-742．

［33］张生祥,张春丽．翻译人才素养的社会需求分析与培养模式探索［J］．上海翻译,2017(06):53-62．

［34］张维为．英汉同声传译［M］．中国对外翻译出版公司,1999．

［35］张彦．科学术语翻译概论［M］．杭州:浙江大学出版社,2008．

［36］张政,王赟．MTI项目化翻译教学与翻译能力培养:理论与实践［J］．外语界,2020(02):65-72．

［37］赵护林,刘月华．目的论关照下的中医术语汉英翻译方法［J］．中国科技术语,2011,13(02):38-40．

［38］郑述谱．术语翻译及其对策［J］．外语学刊,2012(05):102-105．

［39］中国语言服务行业发展报告.2019［R］．中国翻译协会,2019．

［40］朱植德．工业产品使用说明书的英文文体特征及其中译英中国翻译［J］.2003(2):58-61．